Bodensee Wanderbuch

Bodensee Wanderbuch

mit den angrenzenden Regionen
Oberschwaben, Pfänder, Hegau, Seerhein

VERLAG
ROBERT
GESSLER

Hinweis: Einige Wandervorschläge basieren auf früheren Begehungen durch Ulrich Kahmann und Rudolf Zink. Die entsprechenden Touren wurden jedoch teilweise im Wegverlauf korrigiert. 16 Wandervorschläge sind völlig neu und erschließen uns bisher wenig bekannte Wege und Gebiete.

Redaktion: Wolfgang Kreh
Begehung und Beschreibung durch: Brigitta Ritter-Kuhn, Wolfgang Kreh, Heinrich Schwegler, Reinhard Sendele

Fotos: Gottfried Achberger, Franz Bucher, Ulrich Kahmann, Wolfgang Kreh, Verkehrsbüro Heiden, Verkehrsamt Ravensburg

Kartenauschnitte:
Grundlage: Topgraphische Karte 1:50 000

Satz und Reproduktion: typodesign, Friedrichshafen
Druck: Bodensee Medienzentrum, Tettnang/Bürgermoos
Bindearbeiten: Walter, Heitersheim

Printed in Germany
ISBN 978-3-86136-102-2

Wandern zählt zu den beliebtesten Freizeitaktivitäten unserer Zeit. Viele Menschen suchen und finden auf diese Weise Abwechslung und Erholung in der freien Natur.
Ideale Voraussetzungen für erlebnisreiche Ausflüge bietet der Raum Bodensee-Oberschwaben mit seinen angrenzenden Regionen Hegau, Pfänder, Rheindelta und Seerhein. Hier findet der Wanderer nicht nur heitere Uferwege, sondern auch sanfte Hügelketten, romantische Täler und Schluchten, märchenhafte Bannwälder und Riedgebiete sowie eine alte Kulturlandschaft mit vielen Kirchen, Klöstern, Burgen und Schlössern. Ein Wandergebiet also, in dem Kunst, Kultur und Natur sich im Einklang befinden.
Besonders die Routen abseits bekannter Touristenziele bescheren dem Wanderfreund eindrucksvolle Erlebnisse in einer noch weitgehend intakten Natur.
Dieser Wanderführer, der die schönsten Touren rund um den Bodensee und den angrenzenden Regionen vereint, soll Ihnen helfen, diese vielgestaltige Landschaft zu erschließen.
Vor der Neuauflage wurden die Wege nochmals begangen und notwendige Änderungen eingearbeitet. Die vorliegende Fassung enthält eine größere Zahl bisher unbekannter Wandervorschläge und bietet damit den Liebhabern unserer Heimat wieder neue, reizvolle Wandererlebnisse.

Wolfgang Kreh

Verkehrsanbindung: Die in diesem Wanderführer beschriebenen 50 Routen sind Rundwanderungen, die immer zum Ausgangspunkt zurückführen. Der Wanderer ist also unabhängig von den Rückfahrmöglichkeiten mit öffentlichen Verkehrsmitteln. Manche Wandergebiete sind aber auch mit der Bahn zu erreichen, wie z. B.: Kressbronn, Markdorf, Überlingen, Sipplingen und Bregenz. Viele der anderen Ausgangsorte sind an das regionale Busnetz angeschlossen. Fahrpläne des Verkehrsverbundes „bodo" gibt es kostenlos auf Rathäusern, Bahnhöfen und beim Landratsamt. Auskünfte:

bodo bodensee-oberschwaben-verkehrsverbund
Telefon (01 85) 77 99 66

RAB-Kundencenter in Friedrichshafen
Telefon (0 75 41) 30 13-0

DB Zug/Bus, Regionalverkehr Alb-Bodensee (RAB),
Telefon (0 75 41) 30 13-0

Markierung/Orientierung: Die hier aufgeführten Rundwanderungen sind völlig unabhängig von den offiziell gekennzeichneten Wegen angelegt. Gelegentlich gibt es Überschneidungen mit dem neuen Markierungssystem des Bodenseeraumes, das auf Schweizer Vorbild beruht (gelbe Klartextschilder), den Kleinschildern des Schwäbischen Albvereins (weiße Quadrate mit Buchstaben, farbigen Balken, Punkten oder Kreuzen) oder speziellen Hinweisschildern von Kommunen. In diesem Falle sind die örtlichen Markierungen mit angegeben. Da diese Bezeichnungen nie eine komplette Rundwanderung begleiten, oder wenn gar die Touren völlig außerhalb einer offiziellen Markierung verlaufen, wurden für eine ausreichende Orientierung alle Wegverhältnisse ausführlich beschrieben und zu jeder Tour ein Kartenausschnitt im Maßstab 1:50 000 (1 cm = 0,5 km) mit roter Wegeführung angelegt. Ein Verlaufen kann damit weitestgehend ausgeschlossen werden. Wer sich genauer orientieren oder vorbereiten möchte, dem seien die Blätter des Landesvermessungsamtes Baden-Württemberg 1:50 000 Nr. 10, 22, 23, 24 empfohlen oder die neuen Großblätter im Maßstab 1:30 000: Wandern im Landschaftspark Bodensee-Oberschwaben, Wandern in der Region Bodensee-Linzgau, Wandern im Deggenhausertal, Erlebniswege/Landkreis Konstanz sowie die Wanderkarten des Schwäbischen Albvereins Nr. 33, 34, 35, 36, 37 und als Großblätter die Freizeitkarten Singen, Westlicher und Östlicher Bodensee und das Blatt Wangen im Maßstab 1:50 000.

Wegverhältnisse: Bei der Festlegung der Wegverläufe wurden geteerte Wege und Straßen weitgehendst vermieden. Leider hat man in den letzten Jahrzehnten viele ehemals unbefestigte Wege mit einer festen Teerdecke versehen, so dass bei einigen Wanderungen ein teilweises Gehen auf geteerten Straßen unvermeidlich ist. Bei der Wegeplanung wurde jedoch darauf geachtet, dass die entprechenden Streckenabschnitte verkehrsarm sind.
Nennenswerte Höhenunterschiede sind nur bei Wanderungen auf dem Pfänder, dem Gehrenberg, dem Höchsten, dem Sipplinger Berg, dem Bodanrück und dem Seerücken zu überwinden. Bei einigen Wanderungen ist bei nassem Wetter Vorsicht geboten, wie z. B. bei den Tobelwanderungen oder bei steilen Auf- und Abstiegen im bergigen Gelände, dies gilt besonders bei Mitnahme von Kindern. Jahreszeitliche Einschränkungen gibt es im Prinzip keine, außer dass es im Hochsommer, vor allem in waldarmen Gebieten, für Wanderungen zu heiß sein mag oder dass im Winter in den Höhenlagen Schnee oder Eis das Wandern beeinträchtigen können.
Die Wanderwege sind von jedermann begehbar, auf festes Schuhwerk sollte jedoch geachtet werden, vor allem bei wechselhaftem Wetter.
Gehzeiten: Die Wanderungen erfordern in der Regel Gehzeiten von zwei bis vier Stunden und stellen leichte bis mittlere Anforderungen an Kondition und Trittsicherheit. Bei Mitnahme von Kindern sind die angegebenen Zeiten entsprechend zu verlängern, auch Rastzeiten sind mit einzurechnen. Angaben über Grillplätze und Einkehrmöglichkeiten finden Sie im Vorspann der einzelnen Touren. Bei Rundwanderungen, die keine Einkehrmöglichkeit bieten, empfiehlt sich, etwas zum Essen und Trinken mitzunehmen.
Da Wege und Siedlungen in unserer schnelllebigen Zeit ständigen Veränderungen unterworfen sind, kann für die Richtigkeit der Wegführung keine absolute Gewähr übernommen werden. Für Berichtigungen und Verbesserungsvorschläge ist der Verlag stets dankbar.

Erläuterung der Symbole:

	Parkplatz		Ersatzparkplatz
	Gasthof		Grillstelle
	Aussichtspunkt		
	Wanderweg		Wegvariante

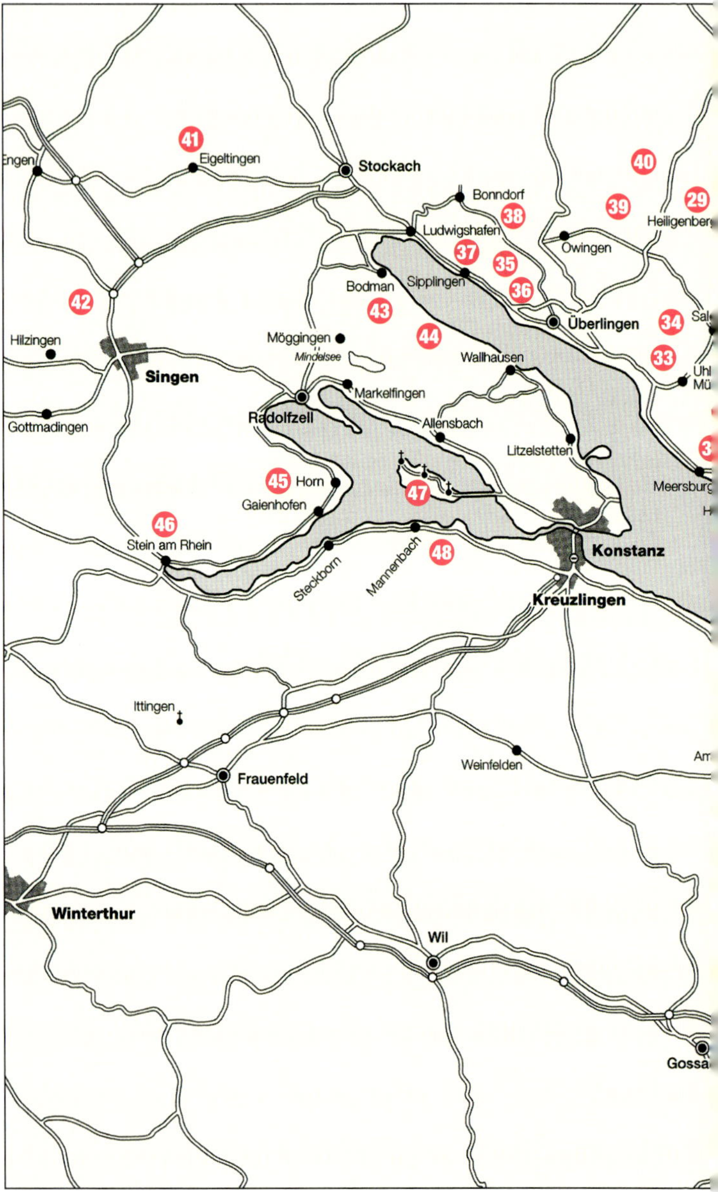

Engen
41
Eigeltingen
Stockach
40
29
Bonndorf
38
39
Heiligenberg
Ludwigshafen
Owingen
37
35
Sipplingen
36
42
Bodman
Überlingen
34
43
Hilzingen
Möggingen
44
33
Mindelsee
Wallhausen
Singen
Markelfingen
Radolfzell
Gottmadingen
Allensbach
Litzelstetten
45
Horn
47
Meersburg
Gaienhofen
46
Stein am Rhein
48
Konstanz
Steckborn
Mannenbach
Kreuzlingen
Ittingen
Weinfelden
Frauenfeld
Winterthur
Wil

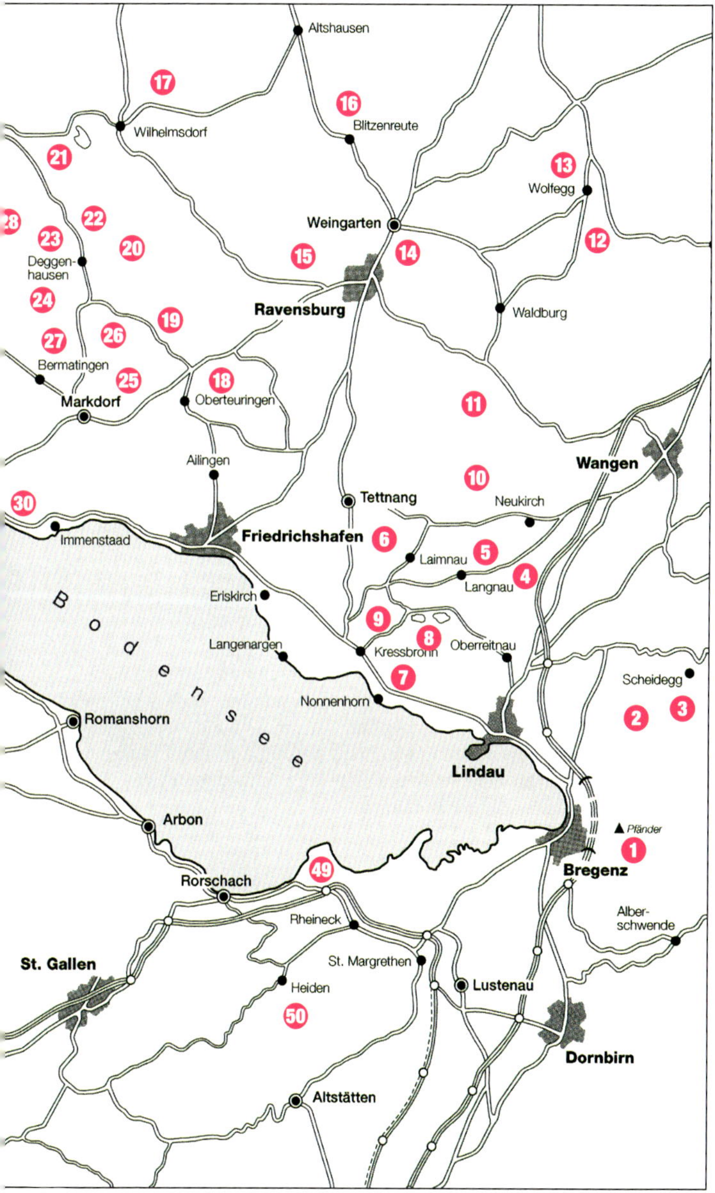

Altshausen
17
16
Wilhelmsdorf
Blitzenreute
21
13
Wolfegg
22
28
23
Weingarten
20
15
14
12
Deggen-
hausen
24
Ravensburg
Waldburg
19
26
27
Bermatingen
25
18
Oberteuringen
11
Markdorf
Ailingen
Wangen
10
30
Tettnang
Neukirch
Immenstaad
Friedrichshafen
6
5
Laimnau
4
Langnau
Eriskirch
Bodensee
9
8
Langenargen
Kressbronn
Oberreitnau
7
Scheidegg
3
Nonnenhorn
2
Romanshorn
Lindau
Arbon
Pfänder
1
49
Bregenz
Rorschach
Rheineck
Alber-
schwende
St. Gallen
St. Margrethen
Lustenau
Heiden
50
Dornbirn
Altstätten

1 Pfänder/Fluh

Von Bregenz auf den Pfänder, dem schönsten Aussichtspunkt am Bodensee

Schon in der Keltenzeit war die östliche Bucht des Bodensees als Siedlungsgebiet geschätzt. Die Römer nannten die dort entstandene Stadt Brigantium. Sie entwickelte sich unter ihrem Einfluss zum bedeutendsten Stützpunkt am See. Gut erhaltene archäologische Ausgrabungen und Funde zeugen von der geschichtsträchtigen und wechselvollen Vergangenheit der heutigen Hauptstadt von Vorarlberg. Die historischen Bauten von Bregenz, das moderne Festspielhaus mit der Seebühne, das Kunsthaus, die historische Oberstadt sowie die schöne Uferpromenade verlocken zu einem ausgedienten Rundgang. Der nahtlos aus der Stadt aufsteigende Höhenrücken (1064 m) wird gern als Aussichtsbalkon des Bodensees bezeichnet, denn er bietet eine grandiose Rundsicht über den See und die vielen Alpengipfel der höheren und weiter entfernten Gebirgsregionen.

Ausgangspunkt: Bregenz, auch mit der Bahn erreichbar, nur wenige Minuten vom Bahnhof zur Pfänderbahn.
Parken: Parkplatz an der Pfänderbahn oder in der Belruptstraße.
Karte: Wanderkarte des Landesvermessungsamtes Baden-Württemberg 1:50 000, Blatt 24, Bodensee Ost.
Einkehrmöglichkeit: Gasthäuser in Bregenz und auf dem Pfänder
Wegverhältnisse: Steilere Auf- und Abstiege erfordern etwas Kondition, gesamte Höhendifferenz 600 m.
Gehzeit: 3½ Stunden.

Wegbeschreibung: Direkt vom Parkplatz an der Talstation der **Pfänderbahn** beginnt der beschilderte Wanderweg. Wir gehen zunächst zwischen Villen auf einem Sträßchen aufwärts, das anfangs eine Teerdecke aufweist, bald aber mit kleinen Pflastersteinen belegt ist. Nach dem letzten Haus links hört die Bepflasterung auf, und an dieser Stelle biegen wir in den Wanderweg ein, der vom Sträßchen nach links abzweigt. Die Markierung ist „gelb-weiß". Nach etwa 400 m treffen wir auf eine Wegegabel, an der wir nach rechts weiterwandern. Der Wegweiser zeigt „Pfänder, Gschliefweg", die Markierung ist jetzt „weiß-rot-weiß" und begleitet uns auf dem größten Teil unseres Aufstiegs. Nach rund 180 m erreichen wir einen breiteren Weg, dem wir im spitzen Winkel links aufwärts folgen. Dort befindet sich ein weiterer Weg-

weiser mit der Aufschrift „Pfänder, Gschliefweg". Der Weg führt nun in sanften Bögen längere Zeit durch den Wald aufwärts und sollte nicht verlassen werden, da Abkürzungen oft in hier nicht vermutetes, felsiges Gelände führen. Nach längerem Aufstieg gehen wir in der Nähe des Waldrandes unter der Pfänderbahn hindurch und kurz danach am Waldrand rechts hoch. Der Weg führt durch offenes Gelände an einem Blockhaus vorbei hinauf zum „Gaststüble Halbstation", wo wir auf ein Teersträßchen stoßen, dem wir etwa 200 m rechts aufwärts folgen. Danach treffen wir auf einen Waldweg, der links in Richtung „Pfänder" führt. Auf diesem Weg steigen wir weiter bergan. An einer Wegegabel nach 150 m folgen wir dem rechts aufwärts führenden Hauptweg und wandern zunächst durch den Wald und dann über eine Wiese bis zu einer Kreuzung vor dem Berggasthof **„Pfänderdohle".** Von hier aus führt der linke Weg zur Bergstation der Pfänderbahn und dann nach kurzem Aufstieg zur Pfänderspitze in der Nähe des Sendeturms. Von hier oben ist die Aussicht an klaren Tagen grandios. Nach Westen gleitet unser Blick weit über den Bodensee hinaus bis zu den Hegauvulkanen und auch zum Alpstein hinüber mit seiner höchsten Erhebung, dem Säntis (2501 m). In Richtung Südosten breitet sich der Bregenzerwald aus und dahinter das Panorama vieler bekannter Alpengipfel.
Von der Bergstation der Pfänderbahn steigen wir wieder hinab bis zur Kreuzung am Gasthof „Pfänderdohle".Von rechts kommt unser Aufstiegsweg herauf. Wir überqueren aber die Kreuzung in gerader Rich-

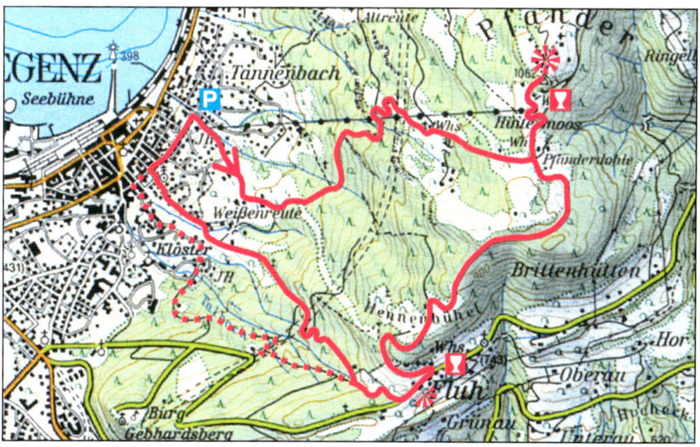

tung und folgen dem Wegweiser mit der Aufschrift „Fluh". Bis zu diesem Ziel führt ein angenehm zu gehender Wanderweg, zuerst fast eben und dann abwärts durch den Hochwald. An der Jausenstation „Walserstadl" verläuft unser Weg links und dann hinunter zur Siedlung Fluh.
In **Fluh** gehen wir auf der Teerstraße rechts in Richtung Bregenz. Nach 300 m treffen wir auf einen Wanderweg, dem wir rechts abwärts folgen. Die Wegweiser mit der Aufschrift „Bregenz Oberstadt" – „Pfänderbahn Talstation" führen uns in die richtige Richtung. An der nächsten markanten Wegegabel ist der rechte Waldweg einzuschlagen. Bald kommen wir dann an ein kleines Teersträßchen, auf dem wir nach links etwa 400 m durch mehrere Kurven abwärts wandern. Nach dieser Distanz biegen wir dem Wegweiser entsprechend nach rechts auf einen Waldweg ein, kommen später am Landeshauptschießstand und am Gasthof „Berg Isel" vorbei und gelangen schließlich in die Oberstadt von Bregenz. Der breite **Martinsturm** mit Zwiebeldach und danach die zwei spitzen Türme der **Herz-Jesu-Kirche** geben uns die Richtung durch die Oberstadt an. Unterhalb der sehenswerten Herz-Jesu-Kirche befindet sich die Belruptstraße, auf der wir in nördlicher Richtung weitergehen. Unser Parkplatz bei der Talstation der Pfänderbahn befindet sich rechts oberhalb dieser Straße.
Statt der beschriebenen Auf- und Abstiegswege kann natürlich auch die Großkabinenbahn benutzt werden. Die Pfänderbahn fährt täglich im Halbstundentakt von 9 – 19 Uhr.

Deuringschlösschen in der Bregenzer Altstadt.

2 Pfänder/Möggers

Rundwanderung auf dem Pfänderrücken

Diese Rundtour von Möggers über Eichenberg und Hochberg führt uns durch Weiden, Wälder, Tobel, Hochmoore und aussichtsreiche Berghänge des Pfänderrückens. In nebelreichen Zeiten am Bodensee ist der oft nebelfreie Pfänder eines der beliebtesten Ausflugsziele im Bodenseeraum. Auch im Winter lädt der Pfänder zu sonnigen Höhenwanderungen ein. Ein Großteil der Rundwanderung fällt mit dem Käse-Wanderweg zusammen. Der schönste Aussichtspunkt der Tour ist der Hochberg mit 1069 m. Von dort geht der Blick über die weiten Täler und dunklen Wälder hinüber zum Allgäu, über die zahllosen Berge des Bregenzerwaldes und der Schweizer Alpen und hinab zum Bodensee.

Ausgangspunkt: Möggers, zu erreichen über Scheidegg.
Parken: Am Ortsende von Möggers, gebührenpflichtiger Parkplatz.
Karte: Wanderkarte des Landesvermessungsamtes Baden-Württemberg 1:50 000, Blatt 24, Bodensee Ost.
Einkehrmöglichkeit: Im „Trögerstüble" unterhalb des Hochbergs, Fr. Ruhetag; im „Sonnenhof" in Eichenberg, Do. Ruhetag; im Gasthof „Paradies" in Lutzenreute, Di. und Mi. Ruhetag, Juli – Sept. Mi. ab 17 Uhr, und im „Riedstüble", Nähe Möggers, Mo. Ruhetag.
Wegverhältnisse: Teilweise befestigte Wege aber auch Pfade, einige steilere Auf- und Abstiege, Höhendifferenz ab Möggers zum Hochberg ca. 120 m, von Lutzenreute zum Hochberg ca. 200 m.
Gehzeit: 4½ Stunden ab Möggers.
Varianten: Bei Start in Lutzenreute und Aufstieg über die Schüssellehen zum Hochberg kann die große Rundwanderung in zwei Kurztouren à 2½ Stunden Gehzeit aufgeteilt werden. A) Lutzenreute – Hochberg – Möggers – Lutzenreute, B) Lutzenreute – Hochberg-Höhenweg „Pfänder – Eichenberg – Lutzenreute", oder in eine weitere, dreistündige Variante (C), Möggers – Hochberg – Oberstein – Ulrichskapelle – Möggers (Abkürzungen auf der Karte gestrichelt).
Hinweis zur Wegmarkierung: Das gesamte Wandergebiet auf dem Pfänder wurde mit neuen Markierungsschildern versehen (metallene Klartextschilder mit farbigen Markierung der Touren in der Spitze). Bis auf wenige Ausnahmen verlaufen die in diesem Wanderführer vorgestellten Rundwanderungen auf offiziell markierten Wegen.

Ausblick vom Pfänderrücken Richtung Bregenzerwald.

Wegbeschreibung: Vom Parkplatz wandern wir links den Feldweg hinauf mit Wegweiser „Höhenweg/Pfänder". Wir wandern nun länger im Wald bergan und das letzte Stück vor Austritt aus dem Wald abwärts, über eine Wiesenmulde bis zur **Tröger Höhe** mit herrlicher Aussicht. Rechts befindet sich der **Hochberg** mit 1069 m, links von uns der **Hirschberg** mit 1095 die höchste Erhebung entlang des Pfänderrückens. Am „Trögerstüble" vorbei gehen wir abwärts bis zur Wegegabelung. Wir überqueren bei der Infotafel die Fahrstraße zum Pfänder und wandern auf einem Feldweg mit Markierung „Höhenweg Pfänder/ Eichenberg" zum nahen Wald. Längere Zeit folgen wir nun dem Höhenweg Richtung Südwest. Nach Passieren der Abzweigung oberhalb Jungholz, beim Wegekreuz, stoßen wir nach etwa 1 km auf eine weitere Abzweigung nach Eichenberg. Dort biegen wir rechts ab und wandern durch den Wald steil abwärts. Beim Waldende ergibt sich nochmals ein herrlicher Ausblick. Beim einzelstehenden Hof wandern wir rechts vorbei, steil hinab. Zuletzt führt uns die Straße nach **Eichenberg**. Beim Verkehrsamt biegen wir links abwärts mit Wegweiser „Lutzenreute" bzw. „Möggers". Nun geht es steil und zum Teil steinig ab- und aufwärts. Mehrere Bachtobel werden durchquert. Wir erreichen die Straße nach Lutzenreute, der wir kurz nach links folgen. In **Lutzen-**

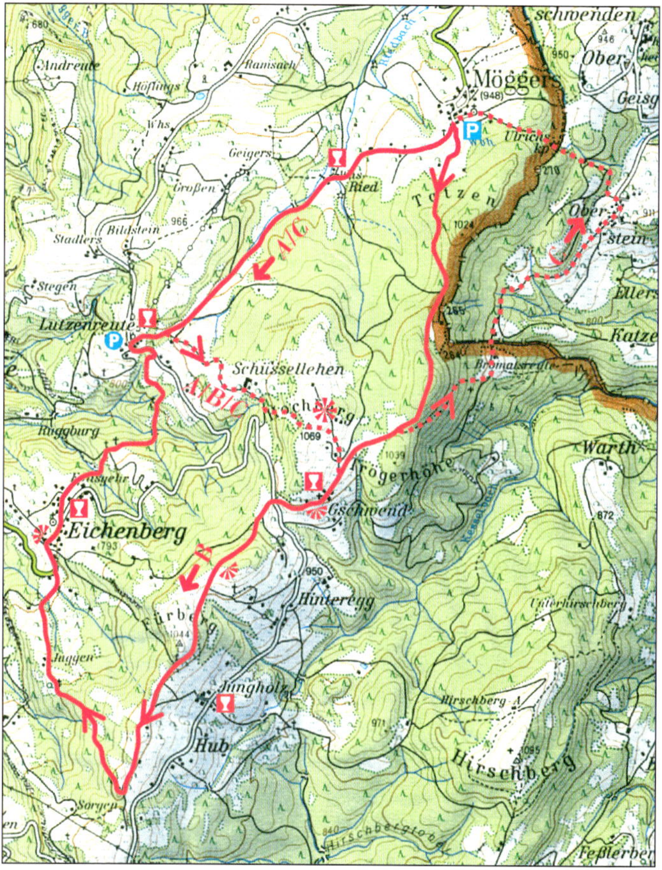

reute zweigen wir rechts ab und folgen dem unterhalb des Gasthofes „Paradies" bergan führenden Weg. Oben angekommen geht es weiter Richtung „Möggers-Ried". Durch ein vom Wald gesäumtes Wiesental, entlang des Riedbaches, erreichen wir Ried mit seinem Gasthaus „Riedstüble". Nach Ried geht es bei der Wegegabelung zuerst rechts nochmals kräftig bergan und dann oben etwas flacher nach **Möggers**.

Variante A: Wir beginnen unsere Wanderung in Lutzenreute (Parkplatz unterhalb des Gasthofes „Paradies"), wandern von dort durch den Wald bergan und nach Waldende rechts hoch über den aussichtsreichen Höhenrücken aufwärts zum Hof Schüssellehen. Von dort geht es zuerst auf breiterem Kiesweg und dann auf schmalem, steilem Pfad zum Hochberg hinauf. Wir überqueren am Hochberg die Wiesen und wandern geradeaus, zuerst eben und dann abwärts bis zur Abzweigung links nach Möggers (rechts kurz abgehend bietet sich eine Einkehrmöglichkeit im „Trögerstüble"). Ab dem Wegweiser nach Möggers wandern wir auf dem Feldweg linkshin über die Wiesenmulde zum Wald, vorbei an der Abzweigung nach Bromatsreute und dann aufwärts und später fast durchweg abwärts durch den Wald bis Möggers und von dort wieder über das Ried nach Lutzenreute zurück.

Variante B: Wir starten ebenfalls in Lutzenreute und wandern über Schüssellehen aufwärts zum Hochberg. Von dort gehen wir auf der ursprünglichen Wegstrecke am Trögerstüble vorbei, über den Höhenweg Richtung Pfänder und dann abwärts nach Eichenberg und von dort wieder nach Lutzenreute zurück.

Variante C: Diese Variante beginnt in Möggers und verläuft über das Ried Richtung Lutzenreute, aufwärts über Schüssellehen zum Hochberg, von dort zuerst links etwa 1 km Richtung Möggers und dann auf schmalem Pfad am Hang rechts abwärts nach Bromatsreute und weiter nach Oberstein und von dort links aufwärts über die Ulrichskapelle nach Möggers (ca. 3 Std.).

3 Pfänder/Scheidegg

Vom Kurort Scheidegg auf die Höhen des Pfänderrückens

Der nahe des Bodensees gelegene heilklimatische Kurort Scheidegg bietet ein gut bezeichnetes Wanderwegenetz. Die hier ausgewählte Tour führt im Grenzgebiet zwischen Deutschland und Österreich über Möggers zum Hochberg (1069 m) und von dort an der Südseite des Pfänderrückens entlang über Bromatsreute – Oberstein zurück. An mehreren Stellen bietet sich ein herrlicher Ausblick auf den Bodensee, das Allgäu, die Berge Vorarlbergs und des Alpsteinmassivs. Ein Abstecher zur Ulrichskapelle aus dem 11. Jh. lohnt sich. Der vorgeschlagene Rundweg lässt sich ausdehnen indem man von Möggers Richtung Lutzenreute wandert und über das Schüssellehen hinauf zum Hochberg steigt.

Ausgangspunkt: Scheidegg, Kurhaus.
Parken: Beim Wanderparkplatz am Kurhaus.
Karte: Wanderkarte des Landesvermessungsamtes Baden-Württemberg 1:50 000, Blatt 24.
Einkehrmöglichkeit: Auf der Tour im „Trögerstüble" unterhalb des Hochbergs, Fr. Ruhetag, Gaststätten in Scheidegg. Auf der Variante im „Riedstüble" und im Vesperstüble am Schüssellehen.
Wegverhältnisse: Überwiegend gute Wege aber auch Pfade, steiler Abstieg auf schmalem Pfad nach Bromatsreute. Höhendifferenz von Scheidegg nach Möggers ca. 140 m, ab Möggers zum Hochberg ca. 120 m, bei der Variante vom Hof Lehen zum Hochberg ca. 200 m.
Gehzeit: 3½ Stunden, Variante 4¼ Stunden.

Wegbeschreibung: Vom Parkplatz am **Kurhaus** in Scheidegg geht es rechts am Kinderspielplatz vorbei auf eine Tannenreihe zu und dort über Stufen aufwärts zu einem Sträßchen, dem wir nach links mit Wegweiser „Ulrichskapelle – Möggers – Pfänder" folgen. Wir meiden den links abbiegenden Fußweg zur Kinderklinik und wandern weiter am Waldrand aufwärts. Wo das Sträßchen wieder eben wird, gelangen wir zu einer großen Hochfläche, auf der wir linkshin auf grasbewachsenem Weg emporgehen. Oben am Waldeck, beim Skilift, bietet sich uns ein herrlicher Ausblick gen Süden zu den Alpen und im Norden nach Oberschwaben und ins Allgäu. Wir gehen geradeaus weiter zum Weiler **Oberschwenden**. In der Linkskurve des abfallenden Sträßchens biegen wir rechts ab und steigen auf dem Waldpfad hinunter zum

Das Säntismassiv über dem nebelbedeckten Bodensee.

Wiesengrund. Am Grenzpfahl vorbei geht es gleich wieder aufwärts über den Höhenweg nach Möggers. Auf der Hochfläche kurz vor Möggers empfiehlt sich links ab ein Abstecher zur **Ulrichskapelle** aus dem 11. Jh. Von der Kirche in **Möggers** – und der als Naturdenkmal ausgewiesenen Linde – halten wir uns links und kommen zum südlichen Ortsrand. Dort wandern wir an den Parkplätzen links aufwärts und folgen nun längere Zeit dem „grün-weiß" markierten „Höhenweg Pfänder". Nach dem wir den Wald verlassen haben, treffen wir links auf einen Wegweiser, der uns auf dem Rückweg nach Bromatsreute hinableiten wird. Wir gehen jedoch vorerst am rechten Waldrand weiter bis zur nächsten Abzweigung und wandern rechts hinauf zum Hochberg. Von dort bietet sich ein herrlicher Panoramablick. Vom Hochberg gehen wir kurz auf dem Herweg zurück bis zur Abzweigung nach **Bromatsreute**.

Beim Wegweiser „Bromatsreute" biegen wir rechts in den Wald und steigen auf schmalem Waldpfad am Südhang hinab. Nach Austritt aus dem Wald geht der Pfad in einen Forstweg über, der bei Bromatsreute wieder auf deutsches Gebiet führt. Der schöne Weg führt nach **Oberstein** und von da geht es mit Wegweiser „Scheidegg" auf einem asphaltierten Sträßchen nach Ebenschwand mit einer Kapelle. Dort, beim Waldbeginn, verlassen wir die Straße rechtshin und wandern auf dem auch mit „ADAC-Rundweg" bezeichneten Weg durch den Hochwald – zunächst leicht ansteigend, dann abwärts gehend, bis uns ein weiteres Schild links ab den Weg zum Kurhaus weist.

Variante: Ab Möggers wandern wir an den Parkplätzen rechts ab mit Wegweiser „Lutzenreute“ und folgen dem schönen Riedbachweg, vorbei am „Riedstüble“ bis zum Hof Lehen (kurz vor Lutzenreute), wo es links steil aufwärts zum weithin sichtbaren Hof „Schüssellehen“ geht (dieser Abschnitt zählt zu den schönsten und aussichtsreichsten Wanderwegen auf dem Pfänder). Wir wandern links durch den Hof, aufwärts dem Waldrand zu und erreichen nach kurzem, steilem Anstieg auf schmalem Pfad den Gipfel des Hochbergs.

4 Schloss Achberg und das Argental

Auf dem Argenrundweg von Schloss Achberg über Strohdorf, Blumegg nach Flunau

Das sehenswerte, über der Argen gelegene Schloss Achberg gehörte von 1691 bis 1806 dem Deutschorden. Danach war es bis in die zweite Hälfte des letzten Jahrhunderts im Besitz der Fürsten von Sigmaringen. 1980 erwarb es der Kreis Ravensburg aus privater Hand und leitete, zusammen mit dem Förderverein Schloss Achberg, die Restaurierungsarbeiten ein. Kulturelle Veranstaltungen wie Musik und wechselnde Kunstausstellungen erwecken nun das Schloss zu neuem Leben. Die Wanderung führt auf reizvollen Wegen beiderseits des verschlungenen Laufes der Argen entlang und berührt den Zusammenfluss der Oberen und Unteren Argen.

Ausgangspunkt: Parkplatz oberhalb Schloss Achberg, zu erreichen über Langnau im Argental, Sibratsweiler, Esseratsweiler, Duznau.
Parken: Wanderparkplatz Schloss Achberg.
Karte: Wanderkarte des Landesvermessungsamtes Baden-Württemberg, 1:50 000, Blatt 24, Bodensee Ost.
Grillmöglichkeit: Am Zusammenfluss von Oberer und Unterer Argen.
Einkehrmöglichkeit: Unterwegs keine, auf der Rückfahrt in Langnau oder Laimnau. Gelegentlich ist das Café im Schloss Achberg geöffnet.
Wegbeschaffenheit: Für jedermann begehbar, auf dem Weg am Zusammenschluss der beiden Argen bei Nässe etwas schwieriger.
Gehzeit: 3 Stunden.

Wegbeschreibung: Vom Parkplatz aus folgen wir zunächst dem Wegweiser **Schloss Achberg,** vorbei an den ehemaligen Burghöfen, jetzt eine landwirtschaftliche Domäne. Wenn wir vor dem Tor des Schlosses stehen, schlagen wir den rechtsführenden, gekiesten Weg, markiert mit „blauem Strich und Nr. 10" ein. Am Trafomasten biegen wir nach links auf den mit „rotem Kreuz und Nr. 10" markierten Weg ab und wandern auf einem blau markierten Pfad, der gleich am Anfang den Zugang zu einer Viehkoppel kreuzt, aufwärts am Hang entlang. Oben folgen wir kurz einem Grat, halten uns dann rechts und treffen auf eine Bank. Nun geht es am Waldrand mit „Nr. 10" weiter. Bei einer Erdrutsche und nachher im Wald hat man immer wieder Ausblicke ins **Argental** und auf die eindrucksvolle Schlinge des Flusslaufes, den sogenannten Sack. Bald werden die Gebäude von **Regnitz** und der Weiler **Strohdorf**

Hängesteg über die Argen.

erreicht. Wir bleiben auf dem geradeaus führenden Teersträßchen, das am Weilerende zu einem Kiesweg wird, bis zu einem Waldeck, von wo ein Kiessträßchen hinab zur Brücke über die **Obere Argen** führt. Kurz vor der Brücke befinden wir uns vor dem hohen Autobahnviadukt. Vor der Argenbrücke geht es erst links auf einem Sträßchen und nach 150 m rechts (auf Nr. 10 achten) auf und ab, teilweise auch auf schmalem mit einem Geländer gesicherten Pfad, meist dem Fluss entlang zum **Zusammenfluss der Oberen und Unteren Argen**, wo sich auch ein Grillplatz mit Hütte befindet.

Von dort wandern wir am linken Ufer (Nr. 10) an der vereinigten Argen zuerst etwas bergan und dann auf Stufen wieder hinab bis zum Betonsteg. (Der erste Steg mit Metallstufen führt zur Kläranlage!) Nachdem wir den Fluss überschritten haben, geht es gleich links mit Wegweiser

Schloss Achberg.

„Argenrundweg“ und dem blauen Strich zum etwas höher gelegenen Weiler **Blumegg**. Von dort hat man einen schönen Blick auf die Argenauen und den Pfänderrücken. Auf dem Weg Nr. 10 wandern wir etwa 45 Minuten abwärts durch Wald und Wiesen nach Flunau. Dort halten wir uns bei einem Bildstock scharf links und überqueren auf dem **Hängesteg** die Argen. In kurzen, ansteigenden Windungen führt uns ein Pfad weiter zu einem Fahrweg. Wir folgen diesem, mit einem „roten Kreuz“ gekennzeichneten Weg, lassen dabei das Schloss links liegen und kommen, den Bachgrund aufwärtsgehend, in wenigen Minuten zum Wanderparkplatz, dem Ausgangspunkt unserer Tour.

5 Langnauer Waldlehrpfad und Argenrundweg

Von Oberlangnau über die Riedgebiete beim Langensee und entlang des Argentals

Dieser Wanderweg führt uns oberhalb des Argentales durch die eiszeitlichen Ränder des Argentals über das Naturschutzgebiet zwischen Kreuzweiher und Langensee und hinab ins Argental. Entlang des Weges erschließt sich uns eine Vielzahl von Lebensräumen, mit Feuchtflächen, Rieden, Wäldern und Streuobstwiesen. Im Tal wandern wir abwärts der Argen entlang, einem der letzten Wildwasserflüsse des Landes, der sich nach Rückzug der Gletscher vor ca. 12 000 Jahren sein Bett immer tiefer ins weiche Schottergelände gegraben hat. Historisch interessant sind in Oberlangnau die Reste des ehemaligen Klosters aus dem Jahre 1122 und das ehemalige Deutschorden-Schloss Achberg, das über einen viertelstündigen Abstecher zu erreichen ist.

Ausgangspunkt: Oberlangnau, bei Abkürzung in Steinenbach.
Parken: Parkplatz in Oberlangnau, an der Straße Richtung nach Hiltensweiler links vor dem Wald, oder in Oberlangnau vor der Argenbrücke.
Karte: Wanderkarte des Landesvermessungsamtes Baden-Württemberg, 1:50 000, Blatt 24, Bodensee Ost.
Grillmöglichkeit: An den Kiesufern der Argen.
Einkehrmöglichkeit: Unterwegs keine, deshalb empfiehlt sich, etwas zum Essen und Trinken mitzunehmen.
Wegbeschaffenheit: Für jedermann begehbar, steiler Aufstieg von Steinenbach nach Wittenberg, Höhenunterschied ca. 100 m.
Gehzeit: 3¾ Stunden, bei Abkürzung über Steinenbach 2½ Stunden (auf der Karte gestrichelt.)

Wegbeschreibung: Vom Parkplatz wandern wir links am Waldrand entlang Richtung Argental-Steinenbach mit Wegmarkierung „rotes Kreuz". An der nächsten Wegegabel gehen wir geradeaus weiter und an der folgenden Abzweigung rechts ab auf dem aufwärts führenden Waldweg. Später wird der Weg etwas undeutlicher und geht in einen Pfad über. Oben am Ende des sichtbaren Wegverlaufes biegen wir scharf links ab, gehen teilweise über Stufen steil abwärts und gelangen unten auf einen Kiesweg, dem wir rechtshin folgen

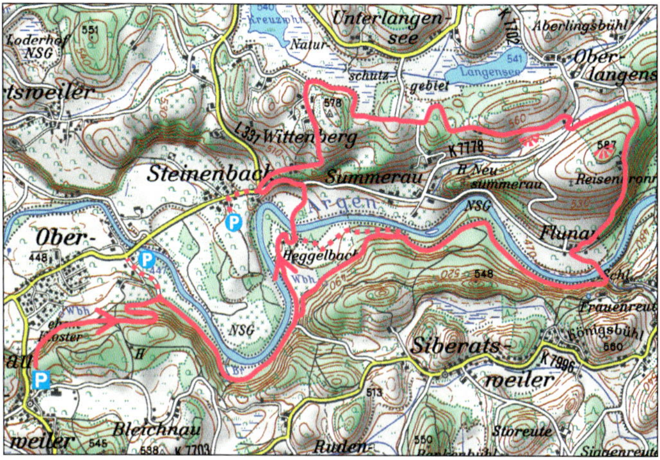

Wir wandern nun auf diesem mit „rotem Punkt" markierten Weg länger der **Argen** entlang bis nach **Heggelbach**. Wir überqueren am Ende dieses Weilers die Argen auf einem **Hängesteg** und gehen noch ein Stück aufwärts bis zur Straße Steinenbach-Flunau. Dort biegen wir links ab und wandern ca. 250 m bis **Steinenbach**. Dort vor Ort an der Bushaltestelle gehen wir rechts aufwärts nach **Wittenberg**. Wir durchschreiten diesen Weiler und biegen am nächsten Wegweiser „Unterlangensee" mit „blauer Raute" rechts ab. Wir kommen an eine Querstraße, auf der wir Richtung Oberlangensee weiterwandern. In der nächsten Kurve gehen wir geradeaus und biegen am Waldrand links ab. Danach folgen wir dem gekiesten Weg durch den Wald. Den dort links abbiegenden Pfad mit „gelber Raute" meiden wir und gehen geradeaus weiter, durchqueren einen Hof und wandern anschließend auf grasigem Feldweg am Hang entlang bis zur Straße nach Oberlangensee. Dort halten wir uns rechts und biegen kurz danach links ab auf den Waldweg Richtung „Reisenbronn – Flunau". Nach ca. 400 m erreichen wir die Fahrstraße nach **Reisenbronn**. Auf dieser wandern wir leicht bergan bis zum Weiler. An den Hofgebäuden gehen wir links vorbei und auf schmalem Pfad abwärts ins Argental. Bei Ansicht des ersten Hofes von **Flunau** geht es am Waldrand steil hinunter auf den unten querverlaufenden Argenweg. Dort gehen wir kurz rechts

Naturschutzgebiet Kreuzweiher.

und in Flunau am Wegekreuz links ab auf den Feldweg nach Schloss **Achberg**. Nach Überquerung der **Hängebrücke** steigen wir rechts den Weg „Nr. 10" hoch und auf halber Höhe biegen wir rechts ab und folgen dem schmalen, „mit rotem Kreuz" markierten Pfad. Später weitet sich der Waldpfad zu einem gekiesten Forstweg, auf dem wir oberhalb der Argen länger wandern, bis wir auf den Fahrweg nach Heggelbach stoßen. Nach etwa 20 Minuten kommen wir von dort zur Abzweigung links hoch über die Treppen zum oberhalb im Wald verlaufenden Herweg zum Parkplatz von **Oberlangnau**.

Wenn wir in Steinenbach gestartet sind, müssen wir auf dem Rückweg einer früheren Abzweigung nach „Heggelbach" folgen. Der Argen entlang kommen wir zum Hängesteg bei Heggelbach, überqueren diesen und erreichen nach wenigen Minuten Steinenbach.

6 Von Schloss Gießen über die Höhen bei Betznau

Eine abwechslungsreiche Wanderung über aussichtsreiche Drumlinhügel und entlang der Argen

Die Argen ist einer der letzten Wildwasserflüsse in Baden-Württemberg und wichtiges Bindeglied zwischen den Nordalpen und dem Bodensee. Pflanzen und Tiere der Voralpen erreichen entlang des Flusses den Bodensee.

Die Burg Gießen, die sich in Privatbesitz befindet, sieht mit ihrem verwitterten Mauerwerk wie ein mittelalterlicher Herrensitz aus. Um 1250 soll hier schon eine Turmhügelburg zur Sicherung der Argenüberquerung angelegt worden sein. Um 1320 wurde sie zum Wasserschloss ausgebaut, und erst unter dem Spital Lindau erhielt sie nach 1482 ihre heutige Gestalt. In der Nähe vom ehemaligen Schloss Gießen, unterhalb vom Heiligenhof, gab es auch eine römische Niederlassung. Auf dem angrenzenden Höhenrücken stand einst die Lehnensburg, die Siedler bereits 500 v. Chr. anlegten. Beide Anlagen sind jedoch heute nicht mehr zu sehen.

Die alte Dorfstruktur von Betznau ist mit dem Übergang vom Weinbau zu Grünlandwirtschaft und Hopfenbau stark verändert worden. Geschützte Denkmäler sind das Backhaus „Am Rain 14“ und der Dreifaltigkeits-Bildstock am „Sebastiansweg“.

Ausgangspunkt: Parkplatz an der Argen, nahe der Gießenbrücke.
Parken: Parkplatz Gießenbrücke, zu erreichen über Oberdorf oder Tettnang zur Gießenbrücke. Dort rechts Richtung Betznau, nach ca. 150 m rechts an der Argen.
Karte: Wandern im Landschaftspark Bodensee-Oberschwaben 1:30 000.
Grillmöglichkeit: An der Argen, 1 km in Wanderrichtung vor der Gießenbrücke.
Sehenswürdigkeiten: Ehemaliges Schloss Gießen (nur von außen zu besichtigen).
Einkehrmöglichkeit: An der Argen, Gaststätte „Gießenbrücke“; in Berg „Rädle“ (nur zeitweise geöffnet), „Max und Moritz“; in Betznau „Bauerncafé“.
Wegbeschaffenheit: Gute befestigte Wege, nur kurzes Wegstück am Anfang grasig und schwer erkennbar
Gehzeit: 2½ Stunden.

Wegbeschreibung: Vom Parkplatz aus gehen wir vor zur **Gießenbrücke**. Dort wenden wir uns kurz nach rechts Richtung Langnau und biegen gleich wieder links ab auf den Rad- und Wanderweg entlang der **Argen**. Etwa 100 m nach der roten Ruhebank biegen wir rechts ab auf einen kaum sichtbaren Wiesenweg. An der dortigen Obstplantage wandern wir entlang bis zu einem Bach und dann rechts bis zu einer Hütte. Wir biegen links auf den dortigen Feldweg ein, überqueren die Straße nach Laimnau und wandern geradeaus zum **Schloss Gießen**. Am Schloss gehen wir vorbei und folgen danach dem mit „blauem Punkt" markierten Weg nach links. Wir stoßen bald auf die Kreisstraße K 7707, biegen dort rechts ab und wandern auf der Straße aufwärts durch den Wald. Nach Waldaustritt sehen wir vor uns den Heiligenhof liegen. Hinter diesem Hof gehen wir mit Wegweiser links ab Richtung „Unterwolfertsweiler". Am Schuppen, wo sich der Weg gabelt, wandern wir rechts zum Wald hoch (gelbe Raute). Oben auf der Höhe, mit schönem Blick auf Betznau, den See und die Berge, gehen wir geradeaus auf einem Kiessträßchen, zuerst leicht abfallend, dann fast eben weiter. Später geht es im Wald abwärts auf die Straße nach Nitzenweiler. Auf dieser wandern wir etwa 400 m geradeaus und dann rechts ab auf einem Forstweg in den Wald. Gleich zu Anfang geht es rechts

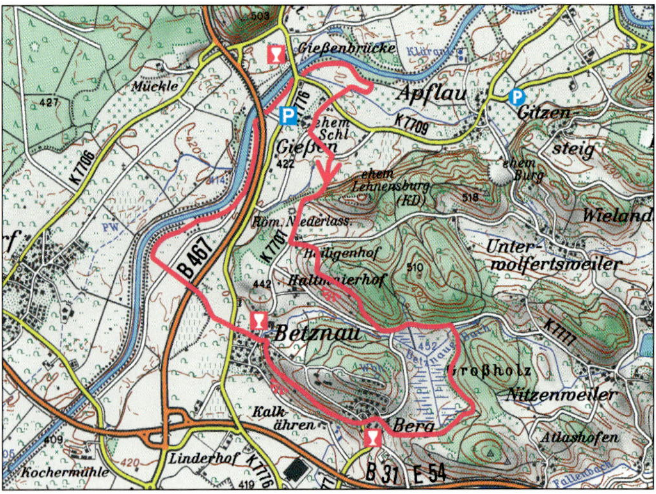

innerhalb des Waldrandes weiter. Der Weg wechselt im weiteren Verlauf zu einem schmalen Pfad, der später in einen Forstweg mündet. Dort gehen wir rechts Richtung Berg. Bevor wir eine Kuppe erreichen, von der man eine schöne Aussicht genießen kann, gehen wir rechts bei einem alleinstehenden Birnbaum auf einem kaum erkennbaren Wiesenpfad nach **Berg** hinab. Auf der Ortsstraße wandern wir links bis zur „Blütenstraße“. Dort wenden wir uns nach rechts Richtung Betznau. Nach etwa 200 m vor der rechts liegenden Besenwirtschaft „Rädle“ biegen wir links auf einen Feldweg ein, der unterhalb der geteerten „Blütenstraße“ durch Wein- und Obstanlagen nach **Betznau** führt. In Betznau gehen wir geradeaus über die Querstraße hinweg (gelbe Raute) bis zur Kreisstraße. Diese überqueren wir leicht rechts versetzt und gehen geradeaus weiter über die Bundesstraße hinweg, bis wir auf einen Querweg mit Wegweiser stoßen.Wir meiden die angegebenen Richtungen und gehen geradeaus zum Waldsaum an der Argen. Dort folgen wir rechts bei einer Eiche dem kaum sichtbaren Pfad hinunter zur **Argen**. Rechts abgehend wandern wir auf dem Argenrundweg nun länger Richtung Gießenbrücke. Nachdem wir die Bundesstraße unterquert haben, kommen wir rechts zu unserem Parkplatz.

Schloss Gießen.

7 Zur Antoniuskapelle bei Kressbronn

Von Kressbronn über einen der schönsten Aussichtspunkte am See nach Wasserburg und Nonnenhorn

Kressbronn, in bezaubernder Lage am See, von Hügeln, Obstgärten und Weinbergen umgeben, ist Ausgangspunkt dieser Wanderung. Von der Kapelle St. Antonius oberhalb von Selmnau bietet sich einer der schönsten Ausblicke auf den Bodensee und das Alpenpanorama. Die kleine Kapelle St. Antonius wurde bereits vor 500 Jahren urkundlich erwähnt und 1696 in den heutigen Zustand versetzt. Auch Wasserburg mit seiner in den See hinausgeschobenen Halbinsel und seiner hübschen St.-Georgs-Kirche sowie der Weinort Nonnenhorn mit seiner Torkel von 1591 werden dabei berührt. Auf dem Rückweg kommen wir in Retterschen an der Hofanlage Milz vorbei, einem alten Bauernhof aus dem 18 Jh., der durch eine private Initiative vor dem Verfall gerettet werden konnte.

Ausgangspunkt: Kressbronn, Siedlung am Nunzenberg.
Parken: Oberhalb der Siedlung Nunzenberg, am Ende der Kirchsteige besteht eine beschränkte Parkmöglichkeit, eventuell in der Nunzenbergstraße oder in der weiter unten abgehenden, breiteren Schillerstraße. Anfahrt über die Straße nach Gattnau und die vorletzte, rechtsabbiegende Straße von Kressbronn, die „Kirchsteige" (weißes Schild) aufwärts bis zum Ende.
Karte: Wandern im Landschaftspark Bodensee-Oberschwaben 1:30 000.
Einkehrmöglichkeit: Gasthof Adler in Hattnau (Mi. Ruhetag), mehrere Gasthöfe in Kressbronn, Wasserburg oder Nonnenhorn. Besonders hübsch ist der Garten des „Café Lanz" an der Schiffslandestelle in Nonnenhorn (Okt. – März leider geschlossen).
Wegbeschaffenheit: Für jedermann begehbar, fast durchweg feste Wege, bis auf eine kurze Waldpassage bei Arensweiler.
Gehzeit: 3¼ Stunden.

Wegbeschreibung: Von der Kirchstraße, oberhalb der Siedlung am Nunzenberg, wandern wir beim Durchfahrtsverbotsschild ostwärts Richtung Arensweiler. Das Sträßchen führt uns an einem **Kräuterlehrgarten** und an einem Wasserreservoir mit schönem **Ausblick** vorbei. An der nächsten Abzweigung gehen wir auf geschottertem Weg geradeaus weiter Richtung „Poppis 1,5 km". Am Ende dieses Weges stoßen wir

auf ein Teersträßchen, dem wir ca. 80 m linkshin folgen und dann rechts weiter in Richtung Poppis. Bei der nächsten Wegegabelung biegen wir links ab und nach 60 m rechts auf ein Teersträßchen, das uns nach **Arensweiler** hineinführt. Im Weiler beim Obsthof Heimpel gehen wir rechts zum Talgrund hinab. Dort überqueren wir den Nonnenbach und wandern im Wald steil aufwärts. Oben auf dem gekiesten Forstweg biegen wir rechts ab und an der nächsten Wegeinmündung gehen wir links weiter. Nach Waldaustritt wandern auf grasigem Weg rechts hoch zur schon sichtbaren **Antoniuskapelle**. Auf dem direkt neben der Kapelle befindlichen Wasserbehälter laden mehrer Bänke zur Rast ein. Eine **Panoramatafel** gibt Aufschluss über die von dort oben sichtbaren Ortschaften und Alpengipfel. Ein kleines Treppchen führt uns ostwärts hinab und den Hügel rechts umrundend in die Ortschaft **Selmnau**

Wasserburg vom Malerwinkel aus gesehen.

Nonnenhorns Torkel (1591) gilt als älteste Weinpresse am See.

hinein. Dort folgen wir dem „Bodenseerundwanderweg“ links ab Richtung Hattnau. Wir kommen am Landgasthof Adler vorbei, wenden uns dort nach links und an der nächsten Querstraße nach rechts Richtung Wasserburg. Etwa 100 m nach Ortsausgang wandern wir an einem Bildstock rechts hoch und über die Waldkuppe hinweg nach Hege hinab. Von **Hege** aus wandern wir auf der Ortsstraße weiter Richtung Wasserburg. Wir kommen dabei zur vielbefahrenen Kreisstraße nach Lindau und überqueren diese. Der Weg führt geradeaus weiter am westlichen Ortsrand von Wasserburg entlang und über die Bahngleise hinweg. Gleich danach stoßen wir auf den **Uferweg** von Wasserburg nach Nonnenhorn. Von dort kann ein Abstecher zur Halbinsel von **Wasserburg** unternommen werden oder aber wir biegen sofort rechts ab Richtung Nonnenhorn. Der weitere Uferweg führt uns vorbei am sogenannten **Malerwinkel**, einem hübschen Platz am Seeufer mit reizvollem Blick auf die Wasserburger Bucht und das Schloss. Auf der Straße nach **Nonnenhorn** wandern wir an Obstgärten und hübsch gelegenen Villen vorbei. Bei der Einmündung in die „Seestraße“ treffen wir auf einen alten Torkel bzw. Weinkelter aus dem Jahr 1591. Der Seestraße folgend, können wir noch einen Abstecher zur Nonnenhorner Schiffsanlegestelle unternehmen. Danach gehen wir weiter am Strandbad vorbei, die Seestraße weiter aufwärts und über die Bahn hinweg Richtung Hege. Nach Unterquerung der Kreisstraße wandern wir ca. 250 m leicht bergan, und dort wo der linksseitige Gehweg endet, biegen wir links auf einen parallel zur Straße verlaufenden Feldweg ein. Diesen wandern wir ein kurzes Stück entlang, bis wir zum Teersträßchen nach Retterschen gelangen. Dieses wandern wir zuerst bergan, dann später abwärts zum Ortsteil **Retterschen**. An der Vorfahrtstafel biegen wir rechts ab und wandern an der alten Hofanlage Milz vorbei bis zur nächsten Abzweigung. Dort halten wir uns links und folgen dem Sträßchen bis zur Obermühle. Im Weiler **Obermühle** gehen wir die Fahrstraße links aufwärts. Oben an der nächsten Abzweigung stoßen wir auf unseren Herweg, auf dem wir nun zum Ausgangspunkt zurückwandern.

8 Rund um Schlein- und Degersee

Wanderung durch eine typische Drumlinlandschaft

Diese Tour bietet eine durch eiszeitliche Gletscher mannigfach gestaltete Landschaft. Die vielen länglichen Hügel, die sogenannten Drumlins, sind in dieser Gegend besonders markant. Der Rheintalgletscher, der sich während der Würmeiszeit (60 000 bis 10 000 v. Chr.) über diesem Gebiet ausbreitete, formte diese eigenartigen Hügel, die aus dem vom Eis mitgeführten Gesteinsschutt bestehen. Zwischen den Drumlins finden sich viele kleine Täler und Mulden. Dort, wo einst die Schmelzwasser keinen Abfluss fanden, entstanden Seen, aus denen sich durch Verlandung teilweise auch kleine Moore oder Riede bildeten. In dieser abwechslungsreichen Landschaft, die bereits ein wenig ans Allgäu erinnert, ist die Besiedlung meist sehr dünn und auf wenige Weiler verteilt.
Auf unserer Wanderung kommen wir an zwei aus der Eiszeit zurückgebliebenen Seen vorbei, den 16 ha großen Schleinsee und den 4 m höher liegenden und fast doppelt so großen Degersee. An einigen Stellen ist der Degersee schon sichtbar verlandet, bietet aber im Ostteil noch gute Bademöglichkeiten. An seinen Ufern finden wir eine artenreiche Flora, darunter seltene Pflanzen wie die rostrote Kopfbinse, die Mehlprimel, das breitblätterige Knabenkraut, den Schwarzwurzenzian und den Wassernabel mit seinem tellerförmigen Blatt.

Ausgangspunkt: Nitzenweiler. Die Ortschaft liegt nördlich von Kressbronn und ist über Berg erreichbar.
Parken: Gegenüber dem Gasthof „Seerose" in Nitzenweiler.
Karte: Wandern im Landschaftspark Oberschwaben-Bodensee 1:30 000.
Sehenswürdigkeit: Barocke Marienkapelle am Schleinsee, 1737 erbaut.
Einkehrmöglichkeit: „Seerose" in Nitzenweiler, Gasthof am Degersee.
Wegverhältnisse: Gute Wege, für jedes Alter geeignet, kurzer Aufstieg auf den Aussichtspunkt oberhalb des Schleinsees, Höhenunterschied ca. 50 m.
Gehzeit: 2 Stunden.

Variante: 2¾ Std. Diese Tour beginnt nicht in Nitzenweiler, sondern im Kressbronner Ortsteil Berg, beim Parkplatz in Nähe der Gaststätte „Max und Moritz" (auf der Karte gestrichelt dargestellt).

Am Degersee.

Wegbeschreibung: Vom Parkplatz gegenüber der „Seerose" wandern wir etwa 150 m ostwärts, kommen dann an eine Wegegabelung, wo wir den linken Weg einschlagen mit Zeichen „blauer Strich" und „Rundweg Schleinsee". Nach links bietet sich uns ein schöner Blick auf den **Schleinsee**, der übrigens der größte Privatsee Oberschwabens ist. An der Wegegabel, kurz nach dem letzten Bauernhaus, halten wir uns links und wandern zum nahen Waldrand hinüber, von wo fünf Wege weiterführen. Wir nehmen den zweiten von links und folgen weiter der Markierung „blauer Strich". Auf diesem schönen Weg wandern wir längere Zeit durch den Wald. Am Ende des Waldes treffen wir auf ein Teersträßchen, auf dem wir rechts ab in Richtung Wettis weiter gehen.

Alternativ können wir beim Waldeintritt an der fünffachen Wegegabelung den äußerst rechten Weg nehmen, der uns entlang eines einsamen Riedes ebenfalls bis zur Straße nach Wettis führt.

Nachdem wir die ersten zwei Höfe von **Wettis** hinter uns gelassen haben, wandern wir auf dem schmalen Teersträßchen etwa zehn Minuten entlang des Drumlins, an dessen Flanke „Maiers Damwild-Gehege" liegt und an dessen Ostpitze sich eine vorgeschichtliche, nun aber stark überwachsene **Ringburg** befindet. Nach dem Gehege treffen wir

im weiteren Verlauf auf den hinteren ehemaligen Hof von Wettis, von dem aus das Teersträßchen in einem Rechtsbogen auf die Straße nach Bechtersweiler einmündet. Dort gehen wir ca. 50 m nach links und biegen danach auf einen Feldweg ein in Richtung „Weiler Degersee“. Der Forstweg führt durch den Wald ohne weitere Markierung, bis wir am Ende auf die Straße Lindau – Hiltensweiler stoßen. Dort wandern wir ca. 100 m linkshin und biegen dann links ab auf ein schmäleres Sträßchen in Richtung „Busenhaus Degersee“.

Wir können nun am Ufer des Degersees entlang wandern bis zum Weiler Busenhaus mit herrlichem Blick auf den See oder aber an der Kreuzung vor dem Weiler Degersee geradeaus bergauf in Richtung Oberwolfertsweiler gehen. Letztere Wegvariante ist vor allem im Sommer zu empfehlen, wenn durch Badebetrieb ein starker Auto- und Fahrradverkehr am Ufer herrscht. Kurz vor den ersten Häusern von Oberwolfertsweiler biegen wir links auf einen Feldweg ab, der nach Busenhaus hinabführt und der sowohl mit dem Zeichen „blauer Punkt“ wie auch mit dem Symbol des Bodensee-Jubiläumsweges markiert ist.

In Busenhaus treffen sich die beiden möglichen Wanderwege wieder, sowohl der am See entlang wie auch der über Oberwolfertsweiler. Von Busenhaus geht es in westlicher Richtung auf der Teerstraße weiter zum nahen Waldrand, an dem wir kurz entlang wandern, bis wir auf eine Abzweigung stoßen. Wir biegen nach links auf das von Wettis kommende Sträßchen ein und folgen dann nach etwa 70 m dem rechts

aufwärts führenden Fußpfad mit „blauem Punkt“ zur Hochfläche über dem Schleinsee (516 m). Dieser Aussichtspunkt bietet einen der schönsten Panoramablicke am ganzen Bodensee. Vor uns liegt in der Tiefe der Schleinsee und über den Hügeln geradeaus der Bodensee und bei guter Sicht erkennt man am Horizont die grandiose Alpenkette mit dem Säntis.
Vom **Aussichtspunkt Rebholz** mit Wasserreservoir erfolgt der Abstieg in westlicher Richtung zum Weiler Schleinsee, wo sich Gelegenheit zur Besichtigung der barocken Marienkapelle bietet. Sie enthält eine schönen Hochaltar mit der Darstellung Mariens Himmelfahrt und zwei reizvolle Seitenaltäre mit Anbetung der Könige und der Heiligen Sippe. Die Kapelle und das ehemalige Pfarrhaus bilden ein beliebtes Fotomotiv.
Über die Westseite des Schleinsees erreichen wir in südlicher Richtung unseren Parkplatz in Nitzenweiler.

Variante: Vom Parkplatz beim Gasthof „Max und Moritz“ wandern wir links auf einem geteerten Sträßchen aufwärts und oben zwischen Wald und Weinbergen rechts Richtung „Atlashofen“. Dort biegen wir auf den Fußweg zum Schleinsee ein und folgen diesem bis kurz vor Nitzenweiler. In einer Kurve des Teersträßchens geht es rechts über ein paar Stufen auf einen Grasweg, der uns durch die Obstanlagen nach Nitzenweiler führt. Gegenüber dem Gasthof „Seerose“ folgen wir dem ursprünglich angegebenen Weg Richtung Degersee/Wettis, gehen aber am Wald nicht geradeaus auf markiertem Weg, sondern nehmen den äußerst rechten Forstweg. Am Waldrand entlang wandern wir nun durch ein einsames Riedtal, bis wir auf die Straße nach Wettis stoßen. (Von hier aus gehen wir weiter Richtung Wettis/Degersee, wie schon beschrieben.)

Marienkapelle am Schleinsee.

9 Von Berg zum Schleinsee

Abwechslungsreiche Rundtour mit herrlichen Ausblicken

Typisch ist für diese Gegend die während der letzten Eiszeiten von den Gletschern ausgeformte Drumlinlandschaft mit ihren Hügeln und Seen. Von Berg über Atlashofen verläuft der Weg zunächst als Panoramaweg über die Höhen nördlich von Kressbronn bis zum Schleinsee. Entlang der Route geht es durch Wald, Weinberge und Obstanlagen zum Schleinsee mit seiner idyllisch gelegenen, barocken Marienkapelle von 1737. Der Seewein, der außer bei Kressbronn auch teilweise an den Südhängen zwischen Betznau und Atlashofen wächst, gehört zu den Kressbronner Lagen und ist bis auf kleinparzellige Ausnahmen der einzige Wein der im württembergischen Kreisgebiet angebaut wird.

Ausgangspunkt: Betznau, zu erreichen über Tettnang-Gießenbrücke oder über die B-31-Ausfahrt Kressbronn.
Parken: Oberhalb Betznau an der Straße nach Berg.
Karte: Wandern im Landschaftspark Oberschwaben-Bodensee 1:30 000.
Sehenswürdigkeit: Schleinseekapelle.
Einkehrmöglichkeit: „Seerose“ in Nitzenweiler; „Rädle“ oder „Max und Moritz“ in Berg; „Bauerncafé“ in Betznau.
Wegverhältnisse: Bis auf wenige unbefestigte Waldpfade gute Wege, kurze Teilstücke geteert.
Gehzeit: 3 Stunden.

Wegbeschreibung: Gleich unmittelbar am Parkplatz ist eine Steintafel angebracht, auf der das gesamte Alpenpanorama eingraviert ist. Von dort aus wandern wir das Teersträßchen nach Berg hinab. Rechts vor uns sehen wir die zwischen Obstgärten eingebettete Ortschaft Kressbronn. Wir stoßen auf die Fahrstraße nach Kressbronn, auf der wir ein kurzes Stück abwärts gehen. Bei der nachfolgenden Rechtskurve biegen wir links ab Richtung Gattnau. Etwa 120 m nach der Auffahrt zum Restaurant „Max und Moritz“ schlagen wir den linksabbiegenden Weg ein mit Wegweiser „Straußenhalde – Atlashofen“. Wir wandern das Teersträßchen in Windungen hinauf bis auf die Höhe. Dort geht der Weg in ein Kiessträßchen über und führt dann am Wald entlang Richtung Osten mit herrlicher Aussicht auf den See und die Berge. Im Weiler **Atlashofen** biegen wir in den Fußweg nach Schleinsee ein und folgen diesem, bis wir nach Durchquerung des Waldes auf ein

asphaltiertes Sträßchen treffen. Auf diesem gehen wir geradeaus bis zur nächsten Kurve. Dort geht es über ein paar Stufen aufwärts zu einem Grasweg, der uns durch die Obstanlagen bis **Nitzenweiler** führt. Vor uns taucht der **Schleinsee** auf mit dem gleichnamigen Weiler und der idyllisch gelegenen **Marienkapelle**. Vor Erreichen der Hauptstraße nach Schleinsee biegen wir angesichts des Gasthofes „Seerose" spitzwinkelig rechts ab auf ein Teersträßchen. Nach etwa 80 m geht es zwischen den letzten Höfen links ab Richtung Wald auf dem Rundweg „Schleinsee/Gattnau". Am Wald angekommen, schlagen wir den rechts am Waldrand entlangführenden Forstweg ein. Wir wandern nun eine Viertelstunde durch ein einsames Riedtal. Am Ende des Tales, an den künstlichen Weihern vorbei, erreichen wir die Straße „Wettis – Hörbolz". Vor uns liegt der **Degersee**. Wir wandern nun auf der wenig befahrenen Straße linkshin etwa 500 m Richtung Busenhaus/Schleinsee (gelbe Raute). Auf der Kuppe, nach dem Fichtenjungholz, geht es beim Wegweiser „Schleinsee 1,0 km / blauer Punkt" links durch den Wald hinauf auf den Höhenrücken oberhalb des Schleinsees.

Oben, vor dem Wasserreservoir, bietet sich ein herrlicher Blick über Schlein- und Bodensee bis hinüber zum Säntis. Wir gehen geradeaus weiter zum Weiler hinab und besuchen die Kapelle. Anschließend wandern wir ein Stück auf der Straße Richtung Tettnang – Apflau. Nach ca. 300 m geht links der Straße ein unbefestigter Feldweg (ca. 20 m vor dem Warnschild Kurve) zum Wald hinauf. Diesem ziemlich verwachsenen und verfurchten Weg folgen wir bis auf die Höhe und meiden

Am Schleinsee.

dabei die zuerst links und dann rechts abzweigenden Forstwege. Oben auf dem Bergrücken stoßen wir auf einen Querweg. Auf diesem wandern wir rechts ab, zuerst noch kurz im Wald, dann am Rand entlang leicht abfallend bis zu einem Gehöft. Dort wenden wir uns nach rechts und gleich nach dem Hof wieder links hinauf. Ein kaum erkennbarer Wiesenweg führt uns an einem Schuppen vorbei geradeaus bis zum nahen Wald. Direkt am Rand, zwischen Buchen- und Nadelwald, geht es links in den Wald hinein und im Bogen rechtshin, bis wir eine Mulde mit sich kreuzenden, unbefestigten Forstwegen erreichen. Links sehen wir einen Hohlweg. Auf diesen biegen wir ab und steigen den engen und zerfurchten Weg abwärts bis zur Straße nach **Berg**. Wir folgen dieser rechts ab etwa 800 m bis zur Abzweigung „Berg-Haltmaier". Kurz nach der Linkskurve schwenken wir sofort rechts hinab auf einen Waldweg. Dieser führt uns längere Zeit am Bach- und Wiesengrund entlang. Nach etwa Viertelstunde öffnet sich der Wald und wir sehen vor uns rechts den Haltmaierhof und geradeaus Betznau liegen. Ganz im Hintergrund schimmert noch eine schmale Sichel des Bodensees.
Wir wandern am Waldrand links aufwärts weiter bis zur Wegegabelung nach Berg, wo wir auch schon unseren Parkplatz erblicken.

10 Voralpenlandschaft bei Neukirch

Durch einsame Naturschutzgebiete mit Seen und Wäldern

Das hügelige Voralpengebiet zwischen Neukirch und Zannau ist eine romantische Gegend mit vielen Wiesen, Wäldern, Weihern und Rieden. Die Jungmoränenlandchaft entstand in der Würmeiszeit mit zahlreichen Drumlinhügeln und Senken in denen sich Eisstauseen und Moore bildeten. Das Gebiet wurde verhältnismäßig spät besiedelt. Erst im Mittelalter werden in Urkunden von Adeligen die ersten Orte genannt. Dazu zählt auch Ebersberg mit seiner Burgruine, die wir auf unserer Wanderung erreichen. Die ehemalige Burg ist im 12. Jh. entstanden und war im 13. Jh. im Besitz der Herren von Ebersberg. Im 13. Jh. fiel die Burg an die Grafen von Montfort.
Von Drumlin zu Drumlin führt unsere Wanderung auch nach Hinteressach, wo wir auf das „Hexenhaus" des verstorbenen Malers Melchior Setz stoßen.

Ausgangspunkt: Neukirch.
Parken: Am „Holzweiher", zu erreichen über die L 333, Abfahrt Neukirch, gleich wieder links und über die Brücke Richtung Oberrussenried – Landolz – Zannau. Nach ca. 500 m folgen wir links dem Wegweiser „Oberrussenried". Im Wald bei der Wegegabel geht es rechts Richtung Landolz – Zannau bis zum Wanderparkplatz Holzweiher.
Karte: Wandern im Landschaftspark Oberschwaben-Bodensee 1:30 000.
Einkehrmöglichkeit: In Ebersberg „Gasthof zum Hirsch".
Wegverhältnisse: Überwiegend befestigte Wege, kaum Steigungen, mit Ausnahme eines kurzen Pfades auf die Burgruine, auch gut für Kinder geeignet.
Gehzeit: 2½ Stunden.

Wegbeschreibung: Vom Parkplatz aus, der mitten im Wald am anmuti-gen **Holzweiher** liegt, beginnen wir unsere Wanderung. Wir gehen in bisheriger Fahrtrichtung auf einem Teersträßchen weiter. Bei der Wegegabel wandern wir kurz rechts Richtung Hinteressach. Nach Ende des rechten Waldeckes gehen wir nicht geradeaus aufwärts, sondern biegen rechts ab auf einen Feldweg oberhalb eines abflusslosen Wiesenrieds. Wir kommen zu einer Waldecke, wo wir dem im Wald aufwärts führenden Forstweg folgen (gelbe Raute).Wir meiden

den weiter oben rechts abbiegenden Weg und gehen etwas später im Rechtsbogen leicht abwärts bis zum Waldende. Anschließend folgen wir dem in einem Linksbogen verlaufenden Feldweg bis zum Ort **Hinteressach**. Wir stoßen dort auf das vielbesuchte **Hexenhaus** des Malers Melchior Setz. Von hier geht es auf der Fahrstraße links und nach etwa 100 m wieder rechts Richtung Ebersberg. Kurz vor der letzten Hofanlage biegen wir rechts auf einen Feldweg ein. Beim Haus Nr. 15 und Markierung „gelbe Raute" gehen wir rechts im Bogen auf den vor uns liegenden, flachen Drumlin zu. Dort biegen wir am Fuße des Hanges links auf einen grasigen Feldweg ein und wandern auf diesem entlang bis zum Hof Hinterburg. Auf dem bewaldeten Drumlin über dem Hof liegt die **Ruine Ebersberg.** Am Hof biegen wir rechts ab bis zur Kreisstraße, wo gleich links in der Kurve ein steiler Pfad zur Burgruine hochführt. (Anstatt auf den linksabbiegenden Feldweg am Fuß

Das Hexenhaus von Melchior Setz.

Drumlinlandschaft bei Ebersberg.

des Drumlins einzubiegen, können wir auch geradeaus in den Wald wandern und dort links, bis wir auf die Kreisstraße K 7700 stoßen, auf der wir linkshin ebenfalls zur Burgruine kommen.)
Nach Besichtigung der Burgruine, von der man bei klarem Wetter einen herrlichen Blick bis zu den Alpen genießen kann, biegen wir links ab und wandern entlang des Ebersberger Weihers Richtung Neukirch, (am Weiher im Sommer Bademöglichkeit). Nach ca. 300 m biegen wir in einer Kurve rechts ab auf einen Forstweg und folgen der Markierung „HW 9" durch den Wald, bis wir bei **Zannau** auf ein Teersträßchen stoßen. Dort halten wir uns rechts und durchwandern den Weiler kurz geradeaus und dann linkshin an den Silos vorbei. Auf dem dort beginnenden Feldweg wandern wir zuerst am linksseitigen Hang entlang und später weiter durch den Wald. Im weiteren Verlauf stoßen wir auf ein geteertes Sträßchen, das wir leicht nach links versetzt überqueren und steigen dann auf der anderen Seite über einen bewachsenen Waldweg bergan. Nach etwa 200 m erreichen wir oben im Wald einen Querweg, auf den wir rechts abbiegen. Nach Waldende erreichen wir einen Kiesweg, auf dem wir Richtung **Jägerweiher** weiterwandern. Nach 150 m kommen wir zum idyllischen Weiher und folgen danach dem am linksseitigen Ufer verlaufenden Weg bis zur nächsten Abzweigung. Dort halten wir uns rechts Richtung Oberrussenried. Nach Waldaustritt wechselt der Kiesweg in ein Teersträßchen über. Auf diesem wandern wir weiter Richtung „Holzweiher". In der Kurve vor dem Wald biegt unser Weg links ab. Bei der nächsten Wegegabelung gehen wir rechts und erreichen nach wenigen Minuten unseren Ausgangspunkt.

11 Nördlich von Bodnegg

Eine bequeme Wanderung durch eine dem Allgäu verwandte Landschaft mit Wäldern, Wiesen, Rieden, seltenen Höfen und Weilern

Bodnegg gehört zu den weitverzweigtesten Gemeinden der Region Bodensee-Oberschwaben. Seine Geschichte ist so alt wie die Geschichte des ganzen Landes. Von der keltischen Besiedelung über die Römerzeit und der alemannischen Landnahme bis zur fränkischen Einbindung in das Reich der Karolinger und deren Nachfolger spannt sich der historische Bogen.

Die Barockkirche St. Ulrich und St. Magnus, zurecht als „schönstgelegene Kirche Oberschwabens" bezeichnet, wurde auf einem aus der Eiszeit stammenden Drumlin und auf den Grundmauern der Apsis einer frühromanischen Kirche erbaut. Ihre barocke Form erhielt sie durch Umbau im 18 Jh. Besonders sehenswert ist das Deckengemälde von Andreas Brugger.

Vom Friedhof aus öffnet sich dem Wanderfreund bei klarem Wetter ein unvergesslicher Blick auf den nahen Bodensee und die Alpenkette, von den Oberstdorfer Bergen bis zu den Berner Alpen.

Die Rundwanderung führt im nördlichen Teil der Gemeinde Bodnegg durch Wälder, Wiesen und Riedlandschaften. Wald- und Wiesenpfade wechseln sich ab mit Feldwegen und ruhigen Teersträßchen, vorbei an einsamen Höfen und Weilern. Immer wieder gibt es auch schöne Ausblicke auf die Alpen und die Höhenzüge zwischen Schussen und Argen.

Ausgangspunkt: Bodnegg, auch mit dem Bus von Ravensburg aus erreichbar.

Parken: In Bodnegg, auf dem Parkplatz bei den Sportplätzen und gegenüber der Schule.

Karte: Wandern im Landschaftspark Oberschwaben-Bodensee 1:30 000.

Einkehrmöglichkeit: Auf der Tour keine, in Bodnegg Gasthof „Nussbaumer", in Grünkraut Gasthof „Amboss".

Sehenswürdigkeit: Kirche St. Ulrich und St. Magnus.

Wegverhältnisse: Gut begehbare Wald- und Wiesenpfade, teilweise schmale, aber kaum befahrene geteerte Sträßchen.

Gehzeit: 3¼ bis 3½ Stunden, bei Abkürzung 2 Stunden (auf der Karte gestrichelt)

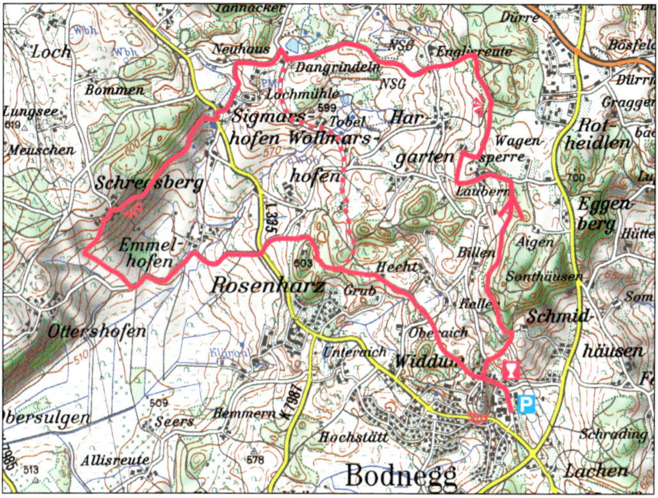

Wegbeschreibung: Vom Parkplatz aus geht es rechts die „Dorfstraße" aufwärts, vorbei an der Volksbank und dem Gasthof „Nussbaumer." Am Dorfplatz mit seinen alten Linden geht es rechts ab in Richtung „Billen – Hargarten". Wir folgen nun länger dem Hauptwanderweg „HW 4 mit rotem Strich". Dieser fällt auch zusammen mit dem von der Gemeinde angelegten „Rundweg". Wir biegen bei dieser Markierung rechts ab auf einen Grasweg, der uns zum Wald führt. Am Waldrand wandern wir links hoch und folgen immer weiter der Markierung „HW 4" durch den Wald. Später stoßen wir auf ein Teersträßchen, auf dem wir kurz abwärts bis zum Weiler **Laubern** gehen. Wir durchqueren den Weiler und biegen dann nach etwa 100 m rechts ab Richtung „Neuhaus". Vor dem Weiler wandern wir auf einem Feldweg rechts hoch und nachher wieder in den Wald. Bei der nächsten Abzweigung folgen wir nicht dem Rundweg nach rechts, sondern geradeaus dem Weg „HW 4". Beim nächsten querenden Forstweg verlassen wir den mit „HW 4" markierten Hauptwanderweg und gehen links abwärts durch einen Hohlweg. Wir stoßen auf den Weiler **Englisreute.** Beim dortigen Wegedreieck wandern wir geradeaus weiter am weißen Wohnhaus vorbei. Ab Englisreute geht es nun länger auf einem schmalen Teersträßchen an vereinzelten unter Naturschutz stehenden Rieden vorbei nach **Dangrindeln** und weiter über **Klessenbühl** nach „Neuhaus“ (nicht identisch mit dem vorher genannten Weiler). Kurz vor **Neuhaus** biegen wir links ab Richtung „Lochmühle – Sigmarshofen“. In **Sigmarshofen** queren wir die Landstraße L 335, wandern gegenüber der Kapelle vor dem Weiher rechts ab und schwenken vor dem Anwesen rechts auf einen Feldweg ein, dem wir nun länger bis **Schregsberg** folgen. Wir durchschreiten den Weiler und biegen am Ende scharf links ab auf einen Wiesenweg, der uns mit der Markierung „blaues Kreuz“ hangabwärts bis zum unten in Bögen verlaufenden Sträßchen führt. Auf diesem wandern wir linkshin in Richtung Rosenharz. Nach etwa einer Viertelstunde erreichen wir wieder die Landesstraße nach Bodnegg. Wir überqueren diese und wandern aufwärts Richtung Wald zur **Wollmarshöhe.** Im Wald, unterhalb der Häuser, gehen wir links über den Parkplatz und an dessen Ende im Wald gerade aufwärts. Wir folgen später den im Wald links aufwärts führenden Weg mit „blauem Kreuz“. Nach Austritt aus dem Wald geht es rechts auf dem „Rundweg 1 / blaues Kreuz“ Richtung „Bodnegg“. An der nächsten Wegkreuzung gehen wir geradeaus weiter auf einem Kiesweg, bis wir die ersten Häuser von **Bodnegg** erreichen. Ein Abstecher rechts zur Kirche mit **Aussichtspunkt** lohnt sich. Auf dem selben Weg kehren wir zum Dorfplatz zurück, und erreichen rechts abwärts gehend bald unseren Parkplatz.

Eine Abkürzung auf 2 Stunden ist möglich, wenn wir in „Dangrindeln“ links ab Richtung „Tobel – Wollmarshofen“ gehen und in der Verlängerung über die Straße nach Hargarten hinweg nach Rosenharz wandern, wo wir wieder auf den ursprünglichen, mit „blauem Kreuz“ markierten Wanderweg stoßen.

12 Ried- und Seenwanderung bei Wolfegg

Rund um die „Brunnenweihergruppe“ und das Bustenmoos

Das von den Orten Wolfegg, Immenried und Eintürnen umrahmte Gebiet mit Riedwaldungen, Streusiedlungen und Weideland weist fünf, im vorigen Jahrhundert vom Fürstlichen Haus Waldburg-Wolfegg angelegte Fischweiher auf, die dieser unter Landschaftsschutz stehenden Gegend ihren besonderen Reiz geben. Ein Abstecher ins nahegelegene Wolfegg mit Schloss, Automobilmuseum und Bauernhausmuseum ist zu empfehlen.

Ausgangspunkt: Parkplatz beim Stockweiher, zu erreichen über Wolfegg, von dort Richtung Bahnhof, rechts ab Richtung Kisslegg auf der K 7937, an Mooshäusle vorbei, nach Überquerung der Bahngleise links Richtung Rotenbach und Neuhaus, in Neuhaus links und nach 100 m rechts zum Stockweiher.
Parken: Vor dem Stockweiher bei den Hinweisschildern.
Karte: Wangen im Allgäu 1:50 000, Freizeitkarte 530 des Landesvermessungsamtes Baden-Württemberg.
Grillmöglichkeit: In der Liegewiese beim Stockweiher.
Sehenswürdigkeiten: Mehrere in Wolfegg, vor allem das Schloss, das Bauernhausmuseum, das Automobilmuseum und die ehemalige, barocke Stiftskirche St. Katharina.
Einkehrmöglichkeit: Auf der Tour keine, in Wolfegg „Café am Schlossplatz“ und mehrere Gaststätten.
Wegbeschaffenheit: Überwiegend befestigte Wege, für jedermann begehbar, kurze Abschnitte geteert.
Gehzeit: 3 Stunden, bei Verlängerung zum Metzisweiler Weiher 3½ Stunden.

Wegbeschreibung: Vom Parkplatz aus wandern wir auf dem von der Gemeinde **Wolfegg** teilweise mit Symbol „Fisch“ markierten Weg. Vom **Stockweiher** geht es rechts über den Damm und 50 m hinter der Abflussstelle des Weihers am Rand des Hochwaldes weiter. Rechts tauchen Riedwiesen auf, und bald danach geht es mit leichtem Anstieg durch den Hochwald. Bei der nächsten Wegegabel biegen wir rechts ab zum Weiler **Holdenreute**. An der Kapelle halten wir uns links und wandern auf dem Sträßchen bis zum ehemaligen Mooshof. Dort folgen wir dem geradeaus und zunächst leicht ansteigenden Weg bis zum **Weiler Brunnen**. Im Ort biegen wir an der Kapelle rechts ab und gehen bei der nächsten Wegkreuzung geradeaus weiter, zwischen den beiden oberen Höfen und beim Verbotszeichen hindurch. An einem Schuppen vorbei, wandern wir durch die Wiesen abwärts in den Wald hinein. Dort kommen wir auf einen Fahrweg, dem wir nach rechts folgen. Bei der nächsten Wegkreuzung halten wir uns links, um dann bei einer Schranke nochmals links weiterzugehen. Dabei gelangen wir auf einen länglichen, dammartigen Rücken. Auf ihm gehen wir bis zur Wegegabel geradeaus und dann links abwärts zum **Holzmühleweiher.** Anschließend wandern wir länger im Wald unweit des Ufers entlang. Vom langen Damm aus haben wir einen prächtigen Ausblick auf den großen Weiher mit seinem Ausfluss, der früher eine Mühle trieb. Der Fahrweg führt zuletzt rechts zum Wald hinaus und bei der Wegegabel mit Wegweiser „Langwuhrweiher", links gebogen durch Weidegelände. Vor dem erhöhten Luzenhof wanden wir auf dem mittleren Weg aufwärts in den Wald, wo bald der Damm des rechtsliegenden **Langwuhrweihers** erreicht wird.

Morgenstimmung am Stockweiher.

Nach Ende des Sees gehen wir an der Waldecke links am Waldrand weiter und kommen zum rechts befindlichen **Hasenweiher,** dem kleinsten Weiher auf dieser Tour. Nachdem wir den Wald verlassen haben, stoßen wir auf ein rechts nach Eintürnenberg/Eintürnen abgehendes Sträßchen. Etwa 400 nach dieser Abzweigung können wir in der Verlängerung zum **Metzisweiler Weiher** abbiegen. Wir folgen jedoch weiterhin dem linkshin verlaufenden Weg, auf dem wir längere Zeit – vorbei am Moorwald Rotmoos – bis zum **Brunnenweiher** wandern. Vor diesem Gewässer biegen wir rechts ab und wandern auf dem Waldweg bis zum außerhalb des Waldes liegenden Hof Sailer. Dort geht es auf dem Fahrsträßchen links ab und über den Hof Veeser erreichen wir die vor Neuhaus liegende Abzweigung, die nach links zum Ausgangspunkt führt.

13 An der Wolfegger Ach

Eine Wanderung in einer abwechslungsreichen Natur- und Kulturlandschaft zwischen Oberschwaben und Allgäu

Wolfegg, an der Oberschwäbischen Barockstraße gelegen, bietet mit seinen hübschen Teilorten und seiner idyllischen Lage zwischen sanften Hügeln und weiten Waldgebieten ideale Wanderbedingungen. Mit seinem Schloss und den beiden beliebten Museen für bäuerliche Geschichte und Oldtimer-Automobile ist Wolfegg ein lohnendes Ausflugsziel. Die hier beschriebene Wanderung berührt den Teilort Alttann und die im engen Tal der Wolfegger Ach liegende sogenannte Höll.

Ausgangspunkt: Wolfegg; Anfahrt von Weingarten.
Parken: Großer Parkplatz nahe der Ortsmitte, gegenüber dem Automobil-Museum.
Karte: Wangen im Allgäu 1:50 000, Freizeitkarte 530 des Landesvermessungsamtes Baden-Württemberg.
Grillmöglichkeit: Am Parkbach (Höllbach) mit Schutzhütte.
Sehenswürdigkeiten: Mehrere in Wolfegg, vor allem das Schloss, das Bauernhausmuseum, das Automobilmuseum und die ehemalige, barocke Stiftskirche St. Katharina.
Einkehrmöglichkeit: In Wolfegg „Café am Schlossplatz" und mehrere Gaststätten.
Wegbeschaffenheit: Meist gut ausgebaute Wege, für jedermann begehbar, nur kurze Steigungen ab den Fischteichen, bei Neutann und am Schluss der Wanderung.
Gehzeit: 2½ Stunden.

Wegbeschreibung: Vom Parkplatz aus wandern wir etwa 200 m auf der Durchgangsstraße an der Mauer des Schlossgartens entlang nach rechts und treffen am Mauerende auf den Wegweiser „**Schlossrundweg**, Naturlehrpfad, Wildpark, Alttann". Wir folgen diesem Weg halblinks abwärts, entlang des Wildparkzauns zu einem Brückchen über den Parkbach (Höllbach), wo wir auf eine Schutzhütte mit Grillplatz und eine Wandertafel stoßen.
Von dort geht es links vorbei und halbrechts aufwärts am Wald entlang zu einem links weiterführenden breiteren Waldweg, auf dem wir bald wieder auf die linksseitige Umzäunung des Wildparkes treffen. Den rechts hinaufgehenden Weg mit der Bezeichnung „Waldsportpfad" meiden wir dabei und erreichen ein Tor des Wildparkes. Dort wandern

wir zuerst auf einem schmalen Pfad in gleicher Richtung neben dem Zaun weiter und bald danach auf einem breiteren Waldweg abwärts, der neben dem Höllbach auf zwei Fischteiche trifft. An den Fischweihern stoßen wir auf einen hölzernen Wegweiser. Dort geht es rechts ab Richtung „Alttann über Höll" mit Zeichen „Fuchs und Eule". Die Teiche lassen wir links liegen und wandern an der nächsten Wegegabel (Naturlehrpfad) rechts ca. 300 m im Wald aufwärts. Oben am Kreuzungsplatz mehrerer Waldwege schlagen wir die zweite Abzweigung nach links ein (Zeichen Fuchskopf) und bei dem ehemaligen Bahnwärterhäuschen überqueren wir die Bahnstrecke Alttann – Wolfegg. Von dort wandern wir weiter, bis wir auf die Straße nach Alttann stoßen, auf deren Gehweg wir linkshin bald den Ort **Alttann** erreichen.

In Alttann angekommen, folgen wir dem links abwärts führenden Kirchweg bis zur katholischen Kirche St. Nikolaus. Dort bietet sich uns ein schöner Ausblick auf die Höll und das Tal der **Wolfegger Ach**. Auf dem links der Kirche beginnenden steilen Fußweg steigen wir hinab ins Tal und überschreiten die Ach. Anschließend folgen wir dem Wegweiser „Neutann" sowie dem mit „blauem Kreuz" gekennzeichneten Weg aufwärts über die „Spitalstraße". Wir erreichen das in einem ehemaligen Jagdschloss untergebrachte Alters- und Pflegeheim

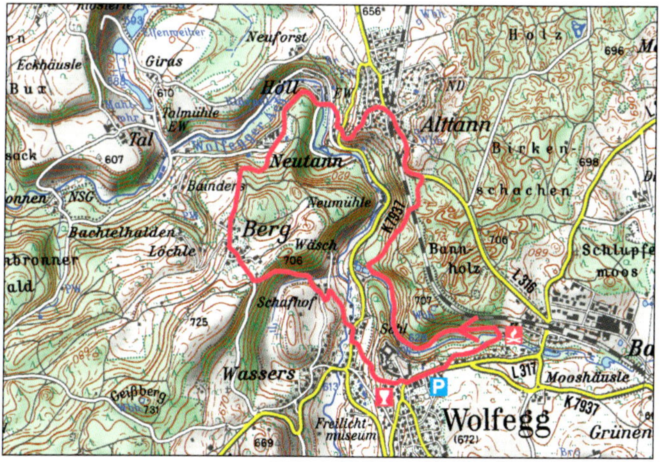

In der Ferne grüßt das Schloss Wolfegg.

der Stiftung Liebenau in **Neutann** und wandern dort auf der im Wald aufwärts führenden Straße Richtung **Berg**. Diesen Weiler erreichen wir bald über das sogenannte Bergkreuz. Wir durchwandern den Ort und schlagen vor dem Wald links einen Pfad ein, der abwärts durch Wald und Wiesen zum **Schafhof** führt (Eulenweg). Dort gehen wir mit Markierung „HW 4 / roter Punkt" kurz links und dann wieder rechts hinunter auf schmalem Pfad zur Ach. Wir überqueren den Fluss, biegen dann beim Sägewerk rechts auf die Mühlenstraße ein. Nach etwa 100 m gehen wir links zwischen zwei Häusern hindurch und folgen dem mit „HW4 / roter Punkt" markierten Pfad hinauf zum Schloss und zu unserem Ausgangsparkplatz.

14 Lauratal bei Weingarten

Über den Rösslerweiher zum Barbarossastein

Die Besonderheiten der Tour sind zwei romantische Tobel, die Umwanderung des idyllisch gelegenen Rösslerweihers und der Rückblick in die deutsche Geschichte am Barbarossastein. Hier, auf der ehemaligen welfischen Haslachburg, soll der Stauferkaiser Barbarossa, auch Rotbart genannt, 1122 geboren sein. Seine Mutter Judith gehörte zum Fürstenhaus der Welfen, das seine Stammgüter um Weingarten hatte. Für kurze Zeit konnte Kaiser Barbarossa die beiden rivalisierenden Häuser der Staufer und Welfen versöhnen.
Wir bewegen uns auch auf den Spuren der Mönche des Klosters Weingarten, die sich hier oben seit dem Mittelalter die Wasserkraft durch Deiche und Kanäle nutzbar machten.
Es handelt sich um eine landschaftlich sehr abwechslungsreiche, reizvolle Wanderung.
Der nahen Weingartener Basilika lohnt ein eigener Besuch. Die in den Jahren 1715 bis 1722 entstandene Basilika auf dem Martinsberg ist ein Höhepunkt des süddeutschen Barocks.

Ausgangspunkt: Lauratal bei Weingarten.
Parken: An der Straße Weingarten – Schlier im Lauratal.
Anfahrt 1: Von Ravensburg über die alte B 30: Beim Ortsschild Weingarten noch einen Kilometer bis zur Abfahrt von der B 30. Kurz nach dem Verkehrsschild „Alle Richtungen“ bzw. „Stadtmitte“ erfolgt die Abfahrt von der B 30 in Richtung Stadtmitte. Etwa 150 m nach der Abfahrt scharf rechts beim Schild „Stadtmitte, Basilika, Kreuzbergfriedhof“. Nach einem Linksbogen leicht aufwärts auf der „Friedhofstraße“, die in die „Scherzach-“ und dann in die „Laurastraße“ übergeht. Von den letzten Häusern der Stadt Weingarten sind es noch etwa 250 m bis zum Parkplatz, der sich rechts, unmittelbar nach der ersten Brücke über die Scherzach, befindet. Am Parkplatz steht die „Karl-Olga-Eiche“. Weitere Parkplätze befinden sich rechts und links der Straße innerhalb des nächsten Kilometers aufwärts in Richtung Schlier. Auch am Ortsausgang von Weingarten kann geparkt werden.
Anfahrt 2: Von der Schnellstraße Ravensburg – Ulm, Ausfahrt Weingarten: In Weingarten fahren wir in Richtung Wolfegg aufwärts, an der Pädagogischen Hochschule und der Basilika vorbei, wo wir dann auf den Longinusbrunnen stoßen. Direkt dahinter fahren wir scharf rechts den „Gerbersteig“ hinunter, zum „Unteren Gerbersteig“. Dieser stößt

Am Rösslerweiher.

auf die „Scherzachstraße", die wir links hochfahren. Nach etwa 100 m geht sie in die „Laurastraße" über. Alles weitere siehe Anfahrt 1.
Karte: Wandern im Landschaftspark Bodensee-Oberschwaben 1:30 000.
Grillmöglichkeit: Südlich des Rösslerweihers.
Einkehrmöglichkeit: Turnerheim in Spinnenhirn (geöffnet Samstag ab 14 Uhr, Sonntag ab 10 Uhr).
Sehenswürdigkeit: Basilika Weingarten.
Wegverhältnisse: Neben festen Wegen gibt es viele schmale und hin und wieder etwas schwierige Wald- und Wiesenpfade. Manche Steilstücke sind mit Treppenstufen versehen. Für Kinderwagen nicht geeignet.
Gehzeit: Etwa 3 Stunden.

Wegbeschreibung: Vom Parkplatz geht es über die Scherzachbrücke zurück in Richtung Weingarten und unmittelbar nach der Brücke rechts weg von der Straße auf den **Hochtobelweg**, einen Fahrweg, der anfangs nur leicht ansteigend, dann etwas steiler durch den Wald führt. Als Markierung dient ein „blaues Kreuz". Nach einem fast ebenen Abschnitt wandern wir über einen Bachsteg und folgen dann links aufwärts einem mit „rotem Punkt" markierten Fahrweg. Der Weg wechselt später auf die andere Seite des Baches und mündet in einen Fußpfad, dem wir folgen. Über ein paar Stufen treffen wir auf ein Sträßchen am Waldrand und überqueren es. Von dort wandern wir links neben dem Bach zum gegenüberliegenden Waldrand (Markierung: „rotes Kreuz"). Durch Mischwald führt der Pfad halblinks zum nahen „Stillen Bach", dem wir rechts bis zum **Rösslerweiher** folgen. Der Weiher gehört zu einem großen Landschaftsschutzgebiet und liegt in einer flachen Wiesenmulde. Ausführliche Informationstafeln weisen auf den Ausbau der Wasserkraft in den vergangenen Jahrhunderten durch die Mönche des Klosters Weingarten hin. Wir wandern am Nordufer des Rösslerweihers entlang (Markierung: „rotes Kreuz"). Nach dem Weiher gehen wir parallel zur, bzw. auf der Hauptstraße Weingarten – Ankenreute rechts weiter. Dort, wo diese Hauptstraße in den Wald führt, folgen wir dem am linksseitigen Waldrand leicht aufwärts ziehenden Feldweg (Markierung: „rotes Kreuz"). Nach einem kurzen Waldstück wenden wir uns bei der Wegegabel halblinks dem nächsten Wald zu. Am Ende desselben folgen wir der vorhin erwähnten Hauptstraße nach rechts und biegen nach etwa 150 m beim Wegweiser „Kehrenberg, Spinnenhirn, Zundelbach" wieder nach rechts ab. Wir befinden uns auf einem Teersträßchen, das zunächst durch den Weiler Kehrenberg und dann zu den wenigen Häusern von **Spinnenhirn** führt. Am Ortsschild „Spinnenhirn" gehen wir auf dem Sträßchen rechts weiter und kommen an

die Südseite des Rösslerweihers, wo wir im Wald einen Parkplatz mit verstecktem **Grillplatz** finden. An der Ostseite des Sees zeigt ein breiter Schilfgürtel die fortschreitende Verlandung an. Wir wandern weiter auf dem Teersträßchen leicht aufwärts und an der ersten Wegegabel links, an der zweiten dann rechts dem Wegweiser entsprechend in Richtung „Schattbuch, Zundelbach". Wir kommen am Hof Schattbuch vorbei und erreichen etwas später eine Wegegabelung. Wir können hier geradeaus zum **Zundelhof** gehen oder aber, was lohnender wäre, rechts einen kleinen Pfad hinaufsteigen, der uns zu einer weithin sichtbaren, gewaltigen Linde führt. Sie steht auf dem höchsten Punkt einer Endmoräne der Würmeiszeit und soll angeblich nach dem Krieg 1870/71 gepflanzt worden sein. Die Höhe wird **Lindele** genannt. Von hier oben hat man eine herrliche Aussicht ins Schussenbecken, zum Höchsten, über die hügelige Allgäulandschaft zur Waldburg und an Tagen mit guter Fernsicht zum Säntis und zu vielen Alpengipfeln. Die Hütte dort oben gehört dem Skiclub Weingarten und ist im Winter hin und wieder bewirtschaftet.

Von der Linde führt ein Weg direkt zum Hof Schattbuch. Dort gehen wir bis zur Südseite des Innenhofes und dann rechts aus dem Hof hinaus. Kurz nach dem Gebäude rechter Hand steht ein Schild etwas im Laub versteckt mit der Aufschrift „Barbarossastein 1 km". Dem Schild entsprechend gehen wir links abwärts zum nahen Waldrand. Wir bleiben auf dem Weg am Waldrand, der nach etwa 100 m eine scharfe Linkskurve bei einem Jägerstand macht. Der Weg führt in den Wald und hört auf. Wir gehen dann rund 400 m weglos am linksseitigen Waldrand weiter, der einen leichten Rechtsbogen beschreibt. Wir halten uns ganz nahe am Waldrand, um etwaigen Flurschaden zu vermeiden. Wir können immer wieder durch das Laub hindurch an den Baumstämmen Markierungen mit „rotem Kreuz" entdecken. Nach den etwa 400 m befinden sich an zwei nebeneinander stehenden Stämmen „rote Kreuze" und ein „schwarzer Pfeil". Hier betreten wir den Wald auf einem Pfad, der steil abwärts zu einem Fahrweg führt. Dort gehen wir 40 m nach rechts und dann gleich wieder auf einem schmalen Fußweg links hinunter. Der Weg geht bald in einen Fahrweg über, der bis zur Fahrstraße Weingarten – Schlier im **Lauratal** führt. Wir gehen auf der Fahrstraße etwa 10 m links aufwärts, dann führt ein Pfad rechts hinunter zum Steg über die Scherzach und auf der anderen Seite des Baches in vielen Stufen hinauf zum **Barbarossastein**.

Auf einem breiten Sporn läuft unser Weg weiter und mündet dann in eine Kiesstraße, der wir rechts aufwärts folgen. Nach etwa 30 m schlagen wir den Pfad rechts über den Bach ein und nehmen danach den Fahrweg rechts abwärts. Bei der nächsten Gabelung folgen wir dem Weg rechts mit dem roten Punkt, der beim Rastplatz Laurahain in die Straße Weingarten – Schlier mündet. Wir wandern auf der Straße etwa 350 m links abwärts in Richtung Weingarten, wo wir auf unseren Parkplatz und den Ausgangspunkt der Wanderung stoßen.

15 Im Naturschutzgebiet Schmalegger Tobel

Durch den romantischen Schmalegger Tobel zur vorgeschichtlichen Fliehburg

Auf unserem Rundweg durch die Schmalegger Tobellandschaft, zu der auch der Glastobel, der Rinkenburger Tobel, der Rötenbachtobel und der Steigtobel zählt, kommen wir an drei interessanten geologischen und geschichtlichen Orten vorbei, erstens: an der ehemaligen Schenkenburg der Herren von Schmalegg auf dem Schlossbüchel (Schlossbühl), zweitens: an den Schutzwällen der ehemaligen Rinkenburg (Ringgenburg), einst die größte vorgeschichtliche Fliehburg Oberschwabens, die vermutlich von den Kelten während der Hallstattzeit (800 – 400 v. Chr.) erbaut wurde, und drittens: am Wasserfall im Rötenbachtobel.

Die Tobellandschaft entstand durch eiszeitliche Gletscherbewegungen und Fließgewässer, die im Laufe der Jahrtausende sich immer tiefer in die Molasseschichten aus Muscheln, Lehmen und Sanden eingegraben haben. Dem Wanderer zeigt sich dies in canonartigen Schluchten, die durch ein Netz von kleineren und größeren Bächen herausmodelliert wurden. In den Schluchtwäldern mit ihren kühlen Tobelbächen findet sich eine artenreiche Tier- und Pflanzenwelt. Der aufmerksame Wanderer kann hier seltene Vögel entdecken wie den Schwarzspecht, die Wasseramsel, den Eisvogel, Insekten wie z. B. den Schluchtwald-Laufkäfer, Frösche und Molche wie den Salamander und seltene Blumen wie den Frauenschuh, das Purpurknabenkraut und die Fingerzahnwurz.

Ab dem Mittelalter bis ins 19. Jh. wurde der schwer zugängliche Tobelwald als Holzquelle für Köhlerei und Glasbläsereien (Glastobel) genutzt. Sogar Holzflößerei ist im Rinkenburger Tobel beurkundet.

Ausgangspunkt: Schmalegg, das nordwestlich von Ravensburg liegt.
Parken: Parkplatz bei der Ringgenburghalle in Schmalegg.
Karte: Wandern im Landschaftspark Bodensee-Oberschwaben.
Sehenswürdigkeiten: St.-Nikolaus-Kirche in Schmalegg, Rinkenburg, Wasserfall.
Einkehrmöglichkeit: Gaststätte in Schmalegg und beim Sportplatz.
Wegbeschaffenheit: Zum Teil steile Auf- und Abstiege, Wechsel von ausgebauten Wegen und schmalen Pfaden, max. Höhenunterschied ca. 90 m.
Gehzeit: 3½ Std., bei Abkürzung 2½ Std. (auf der Karte gestrichelt).

Wegbeschreibung: Vom Parkplatz geht es an Kirche und Rathaus vorbei und beim ehemaligen Gasthaus „Kreuz" rechts abwärts, wo wir bald auf eine Wegegabel stoßen. Hier wandern wir nicht rechts sondern geradeaus auf der Straße mit dem Zeichen „Sackgasse". Nach etwa 700 m gehen wir zwischen den beiden letzten Häusern von **Schmalegg** durch und steigen im Bogen 50 m zu einem Sattel ab. Von hier machen wir einen kleinen Abstecher rechts zum **Schlossbüchel** (Schlossbühl) hinauf, wo im Mittelalter die Burg der Herren von Schmalegg stand. Der berühmteste Ritter von Schmalegg war Ulrich der Minnesänger, der sich später Ulrich von Winterstetten nannte. Er wird urkundlich zwischen 1241 und 1280 erwähnt. Von seinen Natur-, Minne- und Tanzliedern sind nebst seinem Bild noch 180 Verse in der Manessischen Liederhandschrift in Heidelberg erhalten.

Im Naturschutzgebiet Schmalegger Tobel.

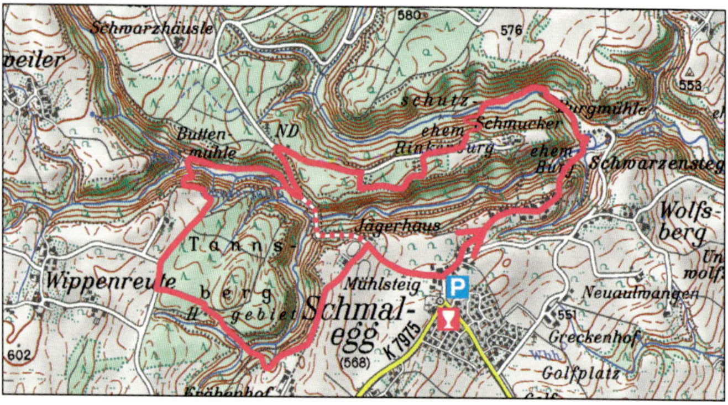

Nach dem Abstecher zum Schlossbüchel geht es nach dem Sattel steil abwärts zum Weiler **Schwarzensteg**. Wir gehen rechts an dem Doppelhaus vorbei, stoßen auf eine Kreuzung und nehmen den zweiten Weg links, der nach 10 m zu einer kleinen Brücke über den Schmalegger Tobelbach führt. Nach der Brücke gehen wir kurz geradeaus auf einem Wiesenweg und dann in einem Linksbogen am Hangfuß entlang. Rechts fließt der Bach aus dem Glas-/Rinkenburgtobel. Nach etwa 400 m wechselt der Weg über eine schmale Brücke auf die andere Bachseite. Wir wandern auf einem schönen Waldweg rund 600 m leicht aufwärts, wo wir auf den Wegweiser „Ringgenburg“ (Rinkenburg) stoßen. Hier wird der Bach zum zweiten Mal auf einem Steg überquert und dann erfolgt ein steiler Aufstieg auf einem Zick-Zack-Weg, der zum Teil auch über Stufen führt, zu einer Wiesenhochfläche. Oben am Waldrand angekommen, wandern wir rechts zum Waldeintritt. Nach 150 m im Wald treffen wir auf einen mächtigen Wall der einstigen **Ringgenburg**. Wir verlassen den schönen Waldweg, steigen auf den Wall hinauf und gehen auf einem nicht sehr gut sichtbaren Pfad 100 m bis zum Südende des Walls. Dort erfolgt ein steiler Abstieg. Wer den steilen Auf- und Abstieg meiden will, kann auch westlich am Wallfuß, zum Teil weglos, durch den Wald gehen. Am Südende angekommen, gehen wir rechts am Bergrand auf einem Pfad weiter. Nach etwa 250 m taucht ein zweiter, höherer Wall auf. Wir steigen hinauf, wandern 100 m auf einem schmalen Pfad in Richtung Norden, wo wir wieder auf unseren Waldweg treffen. Auf drei Seiten haben wir nun die Ringgenburg, die größte Fliehburg Oberschwabens, umwandert.

Auf unserem schönen Waldweg geht es nun etwa 600 m weiter, bis wir auf ein Fahrsträßchen stoßen, dem wir links abwärts mit dem Wegweiser „Wasserfall" folgen. 350 m weiter unten zweigt ein Waldweg rechts ab, den wir jetzt einschlagen. Nach 100 m führt links ein Pfad zu dem mit Geländern gesicherten **Wasserfall** hinunter. Bemerkenswert ist, dass sich dieser durch Erosion innerhalb von 50 Jahren 10 m bachaufwärts zurückgefressen hat.
Nach Besichtigung des Wasserfalls begeben wir uns auf den abwechslungsreichen Rückweg nach Schmalegg. Vom Wasserfall steigen wir zum Waldweg hoch, gehen aber nicht rechts zu obigem Fahrsträßchen, sondern wandern links bis zum Hof „Buttenmühle" leicht aufwärts (Wegzeichen: „rotes Kreuz"). Vor diesem Hof führt unser Weg links über einen Steg auf die andere Seite des Baches und dann gleich steil durch den Wald auf eine Hochfläche hinauf. Zum Teil ist dieser Aufstieg mit Treppen versehen. Wir wenden uns oben sofort nach links und wandern etwa 700 m am Waldrand entlang, der einen weiten Rechtsbogen beschreibt. Das Zeichen „rotes Kreuz" taucht immer wieder auf. Nach ca. 700 m treffen wir auf ein Teersträßchen, auf dem wir linkshin am Waldrand entlang ca.120 m weiterwandern. Nach dieser Distanz nehmen wir den linken Weg in den Wald hinein. Siehe „rotes Kreuz". Nach einer geraden Wegstrecke von etwa 270 m weist ein „rotes Kreuz" mit „schwarzem Pfeil" links an einem Baum auf einen Grasweg hin, der nach rechts führt. Wir zweigen also rechts ab von unserem Waldweg, aber nur etwa 5 m und dann sofort links auf einen Fußpfad entsprechend einem weiteren „roten Kreuz" mit schwarzem Pfeil. Dieser Pfad führt uns hinunter in einen Tobel, dort auf einen schmalen Steg über einen Bach, dann wieder steil in einem schluchtartigen Gelände bergauf. Wir kommen auf einen Waldweg, auf dem wir links etwa 1,2 km weiterwandern. Er führt uns fast eben, immer in der Nähe des Waldrandes, zum Sportplatz von Schmalegg. Für die kurze Reststrecke in den Ort selbst nehmen wir die kleine Teerstraße.

Abkürzung: Wer die Wanderung auf 2½ Stunden abkürzen will, geht vom Wasserfall zum Fahrsträßchen zurück, auf ihm rechts abwärts zur Brücke und dann etwa 1 km aufwärts nach Schmalegg.

16 Vier-Seen-Wanderung bei Blitzenreute

Rundtour um vier unter Naturschutz stehende Seen mit Rieden und Moorwäldern

Die Wanderung führt durch ein unter Naturschutz stehendes Gebiet mit natürlichen Seen, Verlandungszonen, Bannwäldern, Moorwäldern und Rieden. Die Seen sind in der Eiszeit entstanden, als die Gletscher durch Moränewälle am Abfluss gehindert wurden. Entlang des Naturpfades, auf dem wir teilweise wandern, weisen Infotafeln auf geologische und botanische Besonderheiten hin. Seltene Pflanzen, Wasservögel und urwaldähnliche Waldgebiete geben dieser Landschaft einen besonderen Reiz. Am Häcklerweiher bietet sich eine Möglichkeit zum Grillen und Baden. Vor oder nach der Tour lohnt sich ein Besuch der auf einem Moränenhügel um 1700 erbauten Dominikuskapelle in Vorsee. Der Schlüssel ist bei den Besitzern des unter dem Kirchlein befindlichen Bauernhofs erhältlich.

Ausgangspunkt: Vorsee; die Ortschaft ist von der Bundesstraße zwischen Blitzenreute und Altshausen erreichbar.
Parken: Am Ende von Vorsee, in der Nähe der links etwas versteckt liegenden Dominikuskapelle besteht vor dem letzten Haus rechts eine beschränkte Parkmöglichkeit. Dort befindet sich auch eine Infotafel.
Karte: Wandern im Landschaftspark Bodensee-Oberschwaben 1:30 000.
Grillmöglichkeit: Große Grillstelle am Häcklerweiher.
Einkehrmöglichkeit: Gasthaus „Hirsch“ in Vorsee, nur Samstag- und Sonntagnachmittag geöffnet, sonst in Blitzenreute oder Altshausen.
Wegbeschaffenheit: Für jedermann begehbar, ohne Steigungen, teilweise Teersträßchen, gekieste Wege, unbefestigte Waldpfade und in einem Teilstück durch das Ried holzbeplankte Stege, auch gut für Kinder geeignet.
Gehzeit: 3¼ Stunden, bei Abkürzung ab Buchsee 2¾ Stunden (auf der Karte gestrichelt).

Wegbeschreibung: Vom Parkplatz aus, mit Infotafel, wandern wir auf einem Feldweg Richtung Wald. Im Birkenwäldchen treffen wir auf zwei rechts abbiegende Pfade. Dort verlassen wir gegenüber der Birke mit rotem Punkt den Hauptweg und nehmen den linken, für Reiter gesperrten Pfad, der bald am idyllischen Seeufer entlang führt. Nach Erreichen einer Hütte folgen wir dem breiter werdenden Weg bis zur

Wegegabel mit Schild „Naturpfad", wo wir uns rechts halten. Wir wandern auf dem **Vorsee-Rundweg** weiter und biegen bei der Wegegabel „Waldabteilung Dornach" rechts ab. Nach Waldaustritt geht es auf einem Wiesenweg weiter, bis wir auf den aus Vorsee kommenden Feldweg „Nr. 10" stoßen, dem wir links zum Wald hin folgen. Dort wählen wir den rechten der beiden weiterführenden Wege zum **Häcklerweiher**. Mehrere Bänke am Weiher und eine Feuerstelle beim Parkplatz an der Bundesstraße laden zur Rast ein. In der warmen Jahreszeit bietet sich auch die Möglichkeit zum Baden.
Von dort wandern wir zurück auf den vor dem See abbiegenden Weg, der zunächst am Ufer entlang und in Bögen durch den Wald verläuft. In einer Linkskurve treffen wir einen rechts abgehenden Waldweg an, dem wir bis zum Schild „Naturschutzgebiet" folgen und dort weiter halbrechts auf dem Kiesweg, bis wir den plankenbelegten Riedweg erreichen. Auf diesem Holzsteg durchqueren wir das Riedgebiet. Am Ende des Holzstegs gehen wir rechts ab auf gekiestem Pfad und links den Feldweg hoch, bis wir nach ca. 100 m auf einen geteerten Feldweg stoßen, dem wir rechts bis nach Blitzenreute folgen. Auf der Anhöhe bietet sich eine schöne Aussicht auf die bewaldeten Höhen über Ravensburg und Waldburg, und bei gutem Wetter bis zu den Alpen.

Herbstliche Stimmung am Häcklerweiher.

An einem großen, stählernen Feldkreuz vorbei, gelangen wir vor die ersten Häuser von **Blitzenreute**. Vor dem Ortsschild biegen wir rechts ab und marschieren vor bis zur Bundesstraße 32.
Wir überschreiten die Straße und wandern auf den Weiler **Häge** zu, vor dem gleich wieder rechts abgebogen wird. Wir gehen nun immer auf dem Sträßchen am Waldrand entlang. Später ist der Weg mit einem roten Punkt markiert, der als Wanderweg von links einmündet. Wir folgen dem am Waldrand verlaufenden Weg bis zu einer kleinen Kuppe mit Pappeln, wo sich rechts hinter einem Schilfgürtel der **Buchsee** verbirgt.
Vor dem Weiler mit gleichem Namen verlassen wir den markierten Wanderweg und gehen nach links, entlang der rechts liegenden Anhöhe. Nach einem Rechtsbogen gelangen wir, leicht ansteigend, in

den mit „Seeholz" bezeichneten Wald. Dort stoßen wir auf das links von Grünlingen kommende, gekieste Forststräßchen. Dieses verlassen wir bei einer Rechtskurve und gehen geradeaus auf eine querverlaufende Kreisstraße zu.
Auf der anderen Straßenseite führt ein Waldweg im Jungwald abwärts in das Ried hinein. Der Weg geht in einen schmalen Pfad über, führt über einen Steg und schlängelt sich im urwüchsigen Wald weiter. Gelegentlich schimmert der **Schreckensee** durch das Gehölz. Nach einer Hütte wird der Weg breiter und hinter dem Wald gehen wir rechts auf dem Forststräßchen weiter. Dabei durchqueren wir nochmals ein Waldstück (Breitling) und kreuzen danach die vielbefahrene Bundesstraße 32. Nun geht es rechts am Waldrand entlang zur schon sichtbaren Ortschaft **Vorsee**, unserem Ausgangspunkt.

17 Zur vorgeschichtlichen Fliehburg

Über den Sickentobel zur Rinkenburg nahe bei Wilhelmsdorf

Ziel der Wanderung ist ein völlig freistehender, bewaldeter Berg, der in vorgeschichtlicher Zeit zu einer Fliehburg ausgebaut war. Das Gebiet bildet zudem eine europäische Wasserscheide mit Ursprung der Rotach, die in den Bodensee mündet und über den Rhein zur Nordsee führt, und der Ostrach, die über die Donau zum Schwarzen Meer fließt. Reizvolle Ausblicke auf die Riedwiesen zwischen Fleischwangen und Riedhausen und auf das Naturschutzgebiet „Pfrunger / Burgweiler Ried“. Dieses Ried zählt zu den größten Riedlandschaften Süddeutschlands und beherbergt viele seltene Tier- und Pflanzenarten. In Wilhelmsdorf, das 1824 von König Wilhelm I. von Württemberg gegründet wurde, befindet sich das Naturschutzzentrum. Auch lohnt sich dort ein Besuch des Museums für bäuerliches Handwerk und Kultur.

Ausgangspunkt: Esenhausen an der Straße von Ravensburg nach Ostrach zwischen Hasenweiler und Riedhausen.
Parken: In Esenhausen zwischen der St.-Martins-Kirche rechts an der Hauptstraße und dem Feuerwehrhaus.
Karte: Wandern im Landschaftspark Bodensee-Oberschwaben 1:30 000.
Sehenswürdigkeiten: Direkt auf der Tour keine, im nahen Wilhelmsdorf das „Naturschutzzentrum“ und das „Museum für bäuerliches Handwerk“.
Einkehrmöglichkeit: Gaststätte „Zum goldenen Kreuz“ in Pfrungen (Mo. Ruhetag), in der „Seerose“ im Naturstrandbad Lengenweiler und in Esenhausen.
Wegbeschaffenheit: Für jedermann begehbar, Steigungen im Bereich der Rinkenburg, gesamter Höhenunterschied ca. 90 m.
Gehzeit: 2½ Stunden.

Wegbeschreibung: Vom Parkplatz am Feuerwehrhaus gehen wir an der Straßengabel kurz links auf der Lengenweilerstraße und sofort nach dem Hof Riegger auf dem Höhenweg rechts aufwärts. Vor dem Wald geht es rechts des Bildstockes zwischen zwei Häusern hindurch. Oberhalb des rechten Gebäudes führt ein wenig begangener, schmaler Pfad in den Wald. Nach Waldaustritt kommen wir zum ersten Hof von **Ziegelhütte.** Wir gehen links um die Häusergruppe herum (Weg Nr. 5). Nach ca. 100 m stoßen wir bei einer Wegegabel auf einen weiteren

Hof, von dem auf Weg Nr. 6 links abwärts gewandert wird. Schließlich erreichen wir bei der nächsten Abzweigung den dritten Hof von „Ziegelhütte“. Dort gehen wir nun rechts auf der Straße L 289 in Richtung Fleischwangen weiter bis kurz nach dem Eintritt in den Wald (ca. 70 Schritte), wo wir links ohne Wegzeichen in einen Kiesweg einbiegen. Wir folgen diesem Weg nun etwa zehn Minuten leicht abwärts auf der rechten Bachseite, durch ein stilles, hübsches Tal (dem **Sickentobel**).

Nach Waldaustritt geht es scharf links und dann im Rechtsbogen auf einem Teersträßchen aufwärts. Bei der Waldecke biegen wir rechts ab (wir meiden den linksabbiegenden Weg nach Esenhausen) und gehen am Waldrand entlang mit Wegmarkierung „blaues Kreuz“ weiter in Richtung des großen Hofes Nassach. Nach etwa 150 Schritten folgen wir bei einer kleinen Lichtung dem links in den Wald einbiegenden Weg. Das in leichten Windungen länger ansteigende Kiessträßchen umgeht in einem großen Rechtsbogen den sogenannten **Brunnentobel**. Der lockere Baumbestand gewährt gelegentlich Ausblicke auf Riedhausen und das dahinter liegende Königseggwald. Nach einer

rechtsseitigen Fichtenkultur und der Waldabteilung 8 wandern wir bei einer spitzen Wegegabel rechts weiter. Bei der folgenden Einmündung gehen wir links aufwärts mit dem Zeichen „HW 7 / 4,5,3“. An der nächsten Abzweigung steht rechts eine Hütte. Wir gehen links aufwärts mit Zeichen „3“. Nach einer S-Kurve bei der Waldabteilung „12 Wacholderbuckel“ zweigt links ein einfacher Waldweg mit Zeichen „4“ ab, der nach der zweiten Linksbiegung in einen fast zugewachsenen Pfad übergeht. Nach kurzem Anstieg folgen wir der Pfadspur (über umgestürzte Bäume) nach links. Rechts führen Stufen in einen Wallgraben. Wir folgen dem Pfad und stoßen auf die Hinweistafel **Ehemalige Rinkenburg** (718 m). Frühere Grabungen in der Nähe des trigonometrischen Punktes haben, ebenso wie die Grabhügel am Bergfuß (Gräber der Hallstattzeit), die frühgeschichtliche Bedeutung der Rinkenburg bestätigt.
Wir gehen nun den gleichen Weg bis zur Wegegabel nach dem Aufstieg zurück und kommen dort nach wenigen Schritten an eine Gabelung, wo wir den rechtsabbiegenden Waldweg mit „HW 7“ einschlagen. Bald mündet von links ein Weg ein. Der links auftauchende Wall hat wohl einst der Vorverteidigung der Fliehburg gedient. Gleich anschließend folgen wir bei der Abteilung „9 Kiesgrube“ dem rechtsabbiegenden Weg „HW 7 / 4“. Im weiteren Verlauf kommen wir an einer ehemaligen Kiesgrube vorbei.
Unser Weg macht nun einen Linksbogen, den wir wegen der senkrecht abfallenden Nagelfluhwand vorsichtig begehen. Dort, wo dieser Weg etwas abfällt, zweigt nach rechts ein Albvereinspfad mit rotem Strich nach Wilhelmsdorf ab. Unser Weg geht bei der nächsten Wegegabel geradeaus am Bergrand weiter als Graspfad und führt an einer links liegenden, ehemaligen Kiesgrube vorbei. Rechts bietet sich eine schöne Aussicht auf das Rotachtal mit Wilhelmsdorf und im Hintergrund auf den Höchsten.
Danach gehen wir nicht rechts in die abwärtsführende Schlucht, sondern auf dem Graspfad auf der Höhe weiter. Nach 70 m, bei der vierfachen Wegeteilung, wandern wir rechts weiter durch den Fichtenhochwald. Bei der bald erreichten Waldecke geht es rechts zuerst am Waldrand entlang (mit Tafel 3), dann durch Felder abwärts mit „HW 7“. Links sieht man den Hof Rommetsreute und danach blicken wir auf den rechts liegenden Hof Neuringgenburg. Auch der **Langenweiler See** kommt ins engere Blickfeld. Auf der von Fleischwangen kommenden Straße erreichen wir schließlich wieder Esenhausen.

18 Zwischen Krehenberg und Taldorf

Beiderseits eines Urstromtals, eine abwechslungsreiche Wanderung zwischen Rieden, Wäldern und Streuobstwiesen

Der aus dem Raum Bavendorf/Adelsreute kommende Taldorfer Bach bildete zur Würm-III-Eiszeit den Abfluss des Ravensburger Stausees, der bei Wammeratswatt zum großen Strom wurde und so das breite Tal entstehen ließ. Der Bach mündet heute am Südrand von Oberteuringen in die Rotach, während er damals an Markdorf und Bermatingen vorbei zur Salemer Aach und von dort in den Bodensee zwischen Unteruhldingen und Seefelden floss.
Die Geschichte der Gemeinde Taldorf geht bis in die Römerzeit zurück. Davon zeugt der Fund einer römischen Villa bei Hergottsfeld. Charakteristisch für die Ortschaft sind die weit gestreuten Ortsteile und Weiler, die wir zum Teil durchqueren.

Ausgangspunkt: Krehenberg in der Nähe von Oberteuringen.
Parken: In Krehenberg an der Straße in Richtung Lempfriedsweiler. Eventuell sollten die Grundstücksbesitzer beiderseits der Straße um Erlaubnis gebeten werden.
Karte: Wandern im Landschaftspark Bodensee-Oberschwaben 1:30 000.
Einkehrmöglichkeit: Unterwegs keine, in der Nähe „Adler" in Hefighofen, Restaurant „Zur neuen Post" in Oberteuringen.
Wegverhältnisse: Meist feste Wege, einige hundert Meter Pfade.
Gehzeit: 2½ Stunden.

Wegbeschreibung: Wir wandern von Krehenberg aus abwärts in Richtung Oberteuringen/Blankenried. 80 Meter nach dem letzten Haus (Nr. 12) gehen wir scharf rechts und folgen einem Feldweg am rechtsseitigen Waldrand entlang in Richtung Wammeratswatt/Bibruck. Später führt der Weg am Ried entlang bis zu einer Kreuzung, an der wir uns links halten und dann den Taldorfer Bach überqueren. Wir bleiben auf diesem Weg bis zum Weiler Wammeratswatt. Eindrucksvoll ist die breite Riedlandschaft, genannt „Altweiherwiese". Abwärts bildete das Tal zwischen Teuringer Holz und der Kapelle Staffelbild einen Engpass, weshalb sich oberhalb ein See bildete, der heute verlandet ist.
In **Wammeratswatt**, gleich nach dem Haus Nr. 4, bei dem großen eisernen Masten, wandern wir an der Wegegabel mit Wegweiser Hefigkofen am rechtsseitigen Waldrand auf einem Feldweg aufwärts. Gegen

Bei Taldorf.

Ende dieses Aufstiegs führt der Weg etwa 200 m durch ein Waldstück. Nach dem Waldaustritt auf einer Hochfläche öffnet sich links der Blick zum Weiler Bibruck und zum Gehrenberg hin, an dessen Fuß die Orte Bitzenhofen, Neuhaus und Hefigkofen liegen. Rechts befindet sich der 1976 fertiggestellte Wasserhochbehälter der Gemeinde Oberteuringen auf 498 m Höhe. Wir gehen leicht rechts weiter und erreichen einen Bildstock, wo unser Feldweg in ein Teersträßchen mündet, dem wir rechtshin in Richtung Taldorf folgen. Vom Bildstock aus ist der Turm der gotischen Martinskirche von Oberteuringen zu sehen. Auf unserem weiteren Weg taucht rechts der Hof der Familie Zech auf, der an der Talkante des Talbaches liegt. Das Ökonomiegebäude liegt auf dem Gebiet des Kreises Ravensburg und das Wohngebäude im Bodenseekreis. Die Kreisgrenze geht also mitten durch den Hof. Wir kommen zum Weiler Reute und biegen beim ersten Hof rechts ab (Schild „Wanderweg“). Innerhalb des Weilers halten wir uns halblinks. 50 m nach dem letzten Haus gehen wir nicht scharf rechts abwärts, sondern auf einem Grasweg links zum Wald und dort zwischen Waldrand und Schlucht weiter. Nach dem Überqueren des Bächleins geht es rechts aufwärts, wobei zuerst ein schmalerer und dann ein breiterer Weg überquert wird. Nach dem Waldaustritt führt ein Wiesenweg, dann ein Kiespfad zwischen Zäunen und Hecken abwärts zum anmutig gelegenen **Taldorf**.

Zwischen dem alten Schulhaus links, einem Backsteingebäude, und dem neuen Schulhaus kommen wir zur Dorfstraße mit der erhöhten Peter-und-Paul-Kirche mit Stuckflachdecke. Dahinter befindet sich das stattliche Pfarrhaus, das einst den Weißenauer Äbten als Sommerresidenz diente. Gegenüber der Kirche wandern wir rechts am Dorfbrunnen vorbei in Richtung Lempfriedsweiler. Das Sträßchen führt in mehreren Bogen durch die breiten Wiesenauen des Taldorfer Baches. Vor der Brücke geht es nicht rechts abwärts, sondern links weiter und bald darauf durch einen steilen, tief eingeschnittenen Hohlweg hinauf. Oben am Ende des Hohlwegs wandern wir scharf rechts in Richtung Lempfriedsweiler mit Blick zurück auf das **Urstromtal** und Taldorf. Bei guten Sichtverhältnissen sind die Alpengipfel zum Greifen nahe, und die Waldburg steht im Osten hoch über dem Schussenbecken. In **Lempfriedsweiler** führt uns die Straße zunächst links und dann zweimal rechts durch den Ort (Wegweiser „Batzenweiler"). Nach Lempfriedsweiler wandern wir bei der Wegkreuzung nicht links in Richtung Batzenweiler, sondern rechts in Richtung Krehenberg. Bald erreichen wir den Ausgangspunkt unserer Wanderung in **Krehenberg**.

19 Durch den Urbanstobel

Auf Waldwegen durch einen charakteristischen Tobel

Im Hinterland von Friedrichshafen trifft man immer wieder auf enge und verkehrsarme Täler, die nur sehr schwach besiedelt sind. Der Urbanstobel ist ein typischer Vertreter dieser aus Moränenschutt und Sandsteinmolasse ausgewaschenen Täler.
Einst wurde der Urbanstobel durch den zungenförmigen Rheingletscher vorgeformt. Die Fließgewässer gruben sich später immer tiefer in die eiszeitlichen Sedimente ein, so dass ein enges, schluchtenartiges Tal entstand. Unterschiedliche Hangneigungen und Feuchtigkeitsverhältnisse sind mit Ursache für den Pflanzenreichtum des Urbanstobels.
Sehenswert ist in Urnau die „Dreikönigskirche", die um 1530 über romanischen Vorbauten errichtet wurde und neubarock ausgestattet ist.

Ausgangspunkt: Weiler Urbanstobel; erreichbar über die Straße Hefighofen – Urnau, Abzweigung hinter den Gärtnereien Ramsenbühl.
Parken: Wanderparkplatz Urbanstobel.
Karte: Wandern im Deggenhausertal 1:30 000, Hrsg. Gemeinde Deggenhausertal.
Einkehrmöglichkeit: Unterwegs keine, in der Nähe Gasthäuser in Urnau oder in Hefighofen.
Sehenswürdigkeit: Dreikönigskirche Urnau.
Wegbeschaffenheit: Gute Wege, für jedermann begehbar, geringe Steigungen.
Gehzeit: 2¼ Stunden.

Wegbeschreibung: Vom Parkplatz geht es zunächst auf dem Herfahrtsweg ein Stück abwärts zum Weiler **Urbanstobel**. Dort wandern wir hinter der Kläranlage links über den Talbach aufwärts durch Wiesen und Waldstücke nach Behweiler. Nach dem ersten Haus von **Behweiler** biegen wir links ab, Richtung Eggartskirch/Rieter. Auf dem mit Nr. 10 bezeichneten Rundweg haben wir einen schönen Rundblick von den Alpen bis zum Höchsten.
Kurz bevor wir die Kuppe des Weges erreichen, biegen wir vor dem rechtsstehenden Bildstock und dem Wasserbehälter nach links ab. Am Waldrand geht es zunächst etwa 100 m nach links, dann führt ein Weg im Rechtsbogen abwärts in den Wald. An einem Brünnlein vorbei, überqueren wir den Talbach. Danach wandern wir an einer Wegegabel rechts leicht ansteigend, vorbei an einem rechts abzweigenden

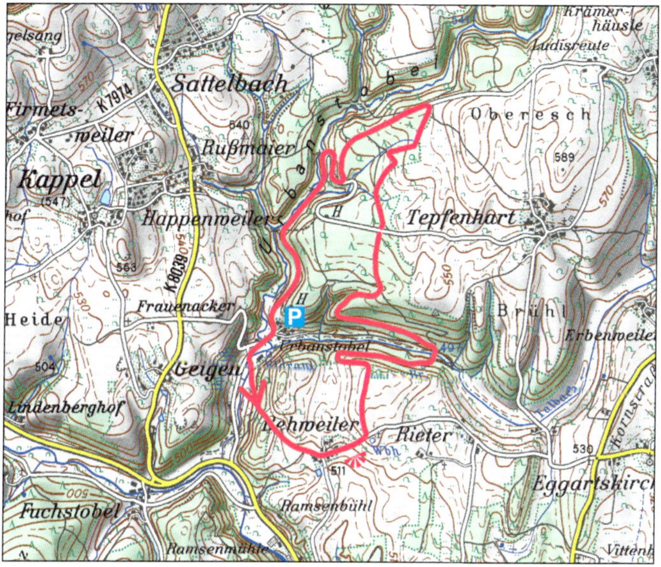

Fußpfad. Am linken Hang blüht im Mai das Purpurknabenkraut. Nach einer Rechtskurve geht es an einem Seitentobel der Abteilung „Schlossberg“ entlang aufwärts zur Hochfläche. Nach der Querung des Baches meiden wir den links abbiegenden Fahrweg und überschreiten den sogenannten Totenweg (bis 1900 wurden darauf die Verstorbenen von Tepfenhardt zum Friedhof des 5 km entfernten Urnau gebracht).
Unser Waldweg führt eben und in leichten Windungen weiter. Wir überschreiten den von Tepfenhardt kommenden Weg mit der Nr. 2 und wandern geradeaus auf dem ebenen Kiesweg und danach am Waldrand weiter bis zur Waldecke bei der Abteilung „Schmidsacker“, wo wir auf den von rechts kommenden Hauptweg von Wolketsweiler stoßen. Auf diesen biegen wir spitzwinkelig links ein und wandern auf diesem Fahrweg bis zum Ausgangspunkt zurück. Wir meiden dabei den links abbiegenden Weg mit „Nr. 2“, der nach Tepfenhard führt. Nach einer Rechtskurve und einem Linksbogen wird der Talgrund erreicht, und dem Fiselbach folgend gehen wir weiter abwärts bis zum Parkplatz.

Ab dort empfiehlt sich ein Abstecher von etwa 15 Minuten zum **Schlossberg**. Es geht auf einem Zick-Zack-Weg mit Stufen, markiert mit „Nr. 1", aufwärts zu einer Hütte. Auf den dahinter liegenden Kammwegen sind deutlich die vorgeschichtlichen Anlagen der früheren Burg, wie Gräben und Schutzwälle, auszumachen.

Auf der Hochfläche bei Behweiler.

20 Zu den Tobeln von Kohlbach und Rotach

Entlang eines Wanderlehrpfades durch waldreiche Schluchten und über aussichtsreiche Hochflächen

Von Limpach aus führt der Wanderlehrpfad Deggenhausertal durch eine interessante Landschaft mit zahlreichen Infotafeln zur Geschichte, Geologie und Botanik. Die dem Bodensee zufließenden Bäche haben sich im Laufe der Zeit immer tiefer in die Molasse- und Sandsteinschichten des Hinterlandes eingegraben. So entstand auch der tiefe Kohlbachtobel, durch den unsere Wanderung führt.
Stein- und Bronzefunde weisen auf eine frühe Besiedelung der Region hin. Die Römer, die seit 16 v. Chr. das Deggenhausertal und das Umfeld besiedelten, wurden 233 n. Chr. von einfallenden Alemannen vertrieben, die wiederum ab 746 n. Chr. unter die Herrschaft der Franken kamen. Im Laufe der Zeit bildete sich eine herrschende Schicht, die im Bereich Deggenhausertal ihre Wohnstätten auf Hügel und Bergvorsprünge baute. Interessant ist auch, dass einst die Bewohner von Burg auf dem Weg durch den Tobel nach Limpach zum Gottesdienst pilgerten .

Ausgangspunkt: Limpach, das zur Gemeinde Deggenhausertal gehört.
Parken: Auf dem Parkplatz beim Gemeindehaus.
Karte: Wandern im Deggenhausertal 1:30 000, Hrsg. Gemeinde Deggenhausertal.
Einkehrmöglichkeit: Im „Mohren“ in Limpach.
Wegbeschaffenheit: Für jedermann begehbar, teilweise schmale, steile Pfade und Stege. Bei nassem Wetter ist etwas Vorsicht beim Abstieg in den Kohlbachtobel geboten.
Gehzeit: 2½ Stunden (bei Verlängerung durch Benis-, Jonis- und Harttobel über Heidbremen 4½ Stunden (auf der Karte gestrichelt).

Wegbeschreibung: Vom Parkplatz aus gehen wir aufwärts und am Orts-ende auf gekiestem und mit blauem Punkt markierten Weg abwärts mit schöner Aussicht auf den Gehrenberg. Der Weg wird später grasig und führt an einem **Lehrgarten** für heimische Pflanzen vorbei. Danach folgen wir links ab dem Wegweiser „Kohltobel-Benistobel“. Wir wandern auf den Wald zu und dann am Waldrand entlang bis zur Abzweigung bei der Schutzhütte, wo es in den Tobel hinabgeht. Über steile Holztreppen steigen wir hinab zum Talgrund, auf der anderen Seite wieder rechts hinauf und danach längere Zeit leicht abwärts oberhalb des Baches. An der Abzweigung biegen wir links ab nach Burg (falls wir die Verlängerung gehen wollen, gehen wir geradeaus weiter). Im **Weiler Burg** gehen wir links aufwärts, immer dem Teersträßchen folgend, bis **Höge**. Dort biegen wir links ab und wandern etwa 800 m auf der Straße Richtung Limpach. Kurz vor Waldende folgen wir dem links abgehenden Waldweg mit blauem Punkt, der später nach Austritt am Waldrand links weitergeht bis zum Sportplatz von **Limbach**. Ab dort sind es nur noch ca. 200 m bis zu unserem Ausgangspunkt.

Bei der **Verlängerung** gehen wir an der beschriebenen Abzweigung nach Burg geradeaus immer weiter abwärts, bis wir unten auf den Weiler **Benistobel** stoßen. Dort biegen wir links ab und wandern immer an der Rotach entlang über den **Jonistobel** bis zum Tobelwangerhof. Ab Tobelwangerhof gehen wir noch etwa 1 km weiter an der Rotach entlang, dann geht es bei einer Abzweigung scharf links im Wald aufwärts Richtung Homberg, mit Markierung „rotes Kreuz". Am Waldende erreichen wir eine Wiesen- und Ackerhochfläche, die überschritten wird. In einer Kurve treffen wir auf die Fahrstraße von Wippertsweiler. Wir folgen dem mit rotem Kreuz markierten Weg am Hof Heidbremen vorbei, bis wir auf die Kreisstraße K 7752 nach Höge stoßen. Wir wandern auf dieser Straße links ab bis Höge. Ab dort siehe Beschreibung der Kurzversion.

Im Kohlbachtobel.

21 Drei-Seen-Wanderung bei Illmensee

Rund um den Illmensee, den Ruschweilersee und den Volzersee

Die Rundwanderung führt durch eine idyllische Seenlandschaft, die zum Großteil unter Naturschutz steht. Die mächtigen Gletscher der Eiszeit haben das Gesicht dieser Landschaft geprägt und in einer flachen Mulde die drei Seen hinterlassen. Mittelpunkt ist die kleine Linzgaugemeinde Illmensee, deren Geschichte bis in die Römerzeit zurückreicht. Der Illmensee ist auch ein Eldorado für Wasserratten und Angler.

Ausgangspunkt: Am südwestlichen Illmensee.
Parken: Auf dem Parkplatz beim Illmensee, Zufahrt an der Straße Illwangen – Illmensee (seenahe Nebenstrecke Richtung Weiler Reute), am Ende des Waldes scharf rechts kleiner Parkplatz, sonst in der Verlängerung der Nebenstraße unweit des Sees.
Karte: Wandern im Deggenhausertal 1:30 000.
Grillmöglichkeit: An der Straße von Illmensee nach Illwangen, vor dem Wald rechts oberhalb der Straße.
Einkehrmöglichkeit: Mehrere Gasthöfe in Illmensee, empfehlenswert Gasthof „Karpfen".
Wegbeschaffenheit: Für jedermann begehbar. Am Ruschweilersee empfehlen wir, den ufernahen Pfad J5/J6 nur mit langer Beinkleidung zu begehen, ansonsten über eine kurze Umgehung auf dem Teersträßchen zum Ort Ruschweiler hoch und später wieder zum See hinab. Dort stoßen wir wieder auf den offiziellen Rundweg J5/J6.
Gehzeit: 3¼ Stunden, bei rechtsseitiger Umgehung des Illmensees 3½ Stunden.

Wegbeschreibung: Vom Parkplatz gehen wir direkt zum See hinab. Dort folgen wir links abgehend dem Uferweg bis nach Illmensee, wo wir in Höhe des Seefreibades auf die „Seestraße" stoßen. Auf dieser gehen wir am Restaurant „Karpfen" vorbei bis vor zur Hauptstraße und dort rechts auf dem linksseitigen Fußweg weiter. Bei der Markierung „grünes Kreuz und J5" biegen wir links ab und wandern auf dem Teersträßchen bis zum **Ruschweilersee**. Wo der Weg ansteigt biegen wir links ab auf den schmalen, teilweise überwachsenen Uferpfad J5/J6. Nach etwa 100 m erreichen wir freieres Gelände. Dort erreichen wir den Fahrweg der vom Ort herunterführt und der später in einen geschotterten Feldweg übergeht. Wir folgen diesem Weg bis zum

Volzersee, den man aber vom Weg her nicht zu Gesicht bekommt. Nach Überquerung des Andelsbaches an der Wegegabelung links ist jedoch ein Abstecher zum See möglich. Wir gehen aber nicht links der Markierung „J5“ folgend, sondern rechts ab mit der Markierung „J6“. Nach kurzer Wanderung durch den Wald stoßen wir wieder auf den von links kommenden Feldweg „J5“ und biegen dort rechts ab. Nach ca. 100 m erreichen wir eine weitere Weggabelung. Dort folgen wir der Bezeichnung „J5“ nach links, gehen über die Kreisstraße K 8270 hinweg und im Wald weiter weiter bis wir auf die Straße Illmensee – Echbeck stoßen. Wir überqueren die Straße, wandern auf der anderen Seite ca. 80 m leicht aufwärts und biegen dann links auf den „Burstweg“ ein. Am Waldrand folgen wir dem „Weiheräckerweg“ nach links und gehen bei der nächsten Wegegabelung links ab auf den Hof Weih zu.

Dort stoßen wir auf die Landstraße nach Krumbach, biegen rechts ab und wandern auf dieser Straße etwa 200 m. Dann steigen wir über einen grasigen Weg links hoch bis zum Scheitelpunkt der Kuppe, von wo sich uns uns ein herrlicher Blick auf den Illmensee bietet. Von dort

wandern wir leicht abwärts auf den Wald zu, gehen auf dem Teersträßchen bis zur nächsten Abzweigung und dort rechtshin weiter mit Markierung „J5" am Hang entlang. Am nächsten Querweg wandern wir links steil abwärts bis zur Straße nach Illwangen, überqueren diese und gehen dann auf dem schmalen Parallelsträßchen links am Waldrand entlang bis zum Parkplatz.

Am Illmensee.

22 Deggenhausen – Höchsten

Auf einsamen Wegen hinauf zum Höchsten und entlang des Deggenhausertales

Der stete Wechsel zwischen Hochebenen, steilen Hangkanten, engen Tobeln und ausgedehnten Weidelandchaften charakterisiert das Deggenhausertal. Das Tal wird im Osten von der Homberger Hochebene mit dem 837 m hohen Höchsten und im Westen von der Lellwanger Hochebene eingegrenzt. Im Spätmittelalter und früher Neuzeit teilten sich im Deggenhausertal in der Hauptsache das Kloster Salem, die Grafschaft Heiligenberg und das Bistum Konstanz Grundbesitz und Gerichtsbarkeit, später unterstanden auch Teile des Tales der Stadt Überlingen. Erst 1972 schlossen sich die sechs umliegenden Orte zu einer gemeinsamen Verwaltung zusammen. Sehenswert ist in Deggenhausen die Pfarrkirche St. Blasius, die um 1736 enstanden ist, und in Obersiggingen die romanische Kapelle St. Peter und Paul. Unsere abwechslungsreiche Wanderung führt uns von Deggenhausen auf den Höchsten und über den Lehenhof nach Ellenfurt hinab und von dort auf dem unteren Hangweg an der Westseite des Tales zurück zum Ausgangspunkt.

Ausgangspunkt: Deggenhausen, beim Parkplatz.
Parken: Am oberen Ende des Dorfes, vor der Brücke links ab, ca. 70 m bis zum Waldeck hoch, dort offizieller Wanderparkplatz.
Karte: Wandern im Deggenhausertal 1:30 000, Hrsg. Gemeinde Deggenhausertal.
Einkehrmöglichkeit: Gaststätte Rossknecht in Deggenhausen, Berggasthof Höchsten (Ruhetag jeweils Mo.), über einen kurzen Abstecher von der Tour erreichbar.
Sehenswürdigkeiten: Pfarrkirche in Deggenhausen.
Wegbeschaffenheit: Für jedermann begehbar, beim dreiviertelstündigen Aufstieg auf den Höchsten ist etwas Kondition erforderlich, Höhenunterschied ca. 240 m.
Gehzeit: 2½ Stunden.

Wegbeschreibung: Vom Parkplatz wandern wir abwärts zur Hauptstraße, biegen links ab über die Brücke und wandern rechts den „Ziegeleiweg" hoch. Wir treffen nach ca. 400 m auf den Wegweiser „Auf dem Berg 0,8 km" mit gelber Raute. Dem in Bögen aufwärts führenden Feldweg folgen wir bis wir auf das rechts von Deggenhausen

heraufkommende Teersträßchen stoßen. Dort biegen wir links ab und vor dem weißen Bauernhof rechts ab Richtung „Katzenmoos". Wir wandern den Feldweg aufwärts, vorbei an einem abgelegenen Hof und dort links ab Richtung „Rubacker/Höchsten". Dem blau markierten Weg folgend, wandern wir durch Wiesen und Waldstücke weiter bergan. Nach der Wiesenabsperrung geht der Weg in einen schmalen Pfad über und führt im Wald steil aufwärts. Nach Waldaustritt kommen wir zu den Ferienhäusern der Zieglerschen Anstalten. Wir umgehen dieses Anwesen und folgen dem rechtsabiegenden, „blau markierten Pfad" zum **Höchsten** hoch.
Unterhalb der Hochfläche am Waldrand können wir rechtshin einen Abstecher zur Einkehr im Berggasthof Höchsten und zum **Mundartweg** unternehmen. Ansonsten halten wir uns links Richtung Lehenhof auf dem mit „rotem Kreuz" markierten Feldweg. Wir wandern zuerst fast eben am Waldrand entlang, später dann im Wald wieder abwärts zum **Lehenhof**. Dort gehen wir an der Bushaltestelle vorbei bis vor zur Straße und dann gleich in der Kurve kurz rechts hoch und am nächsten

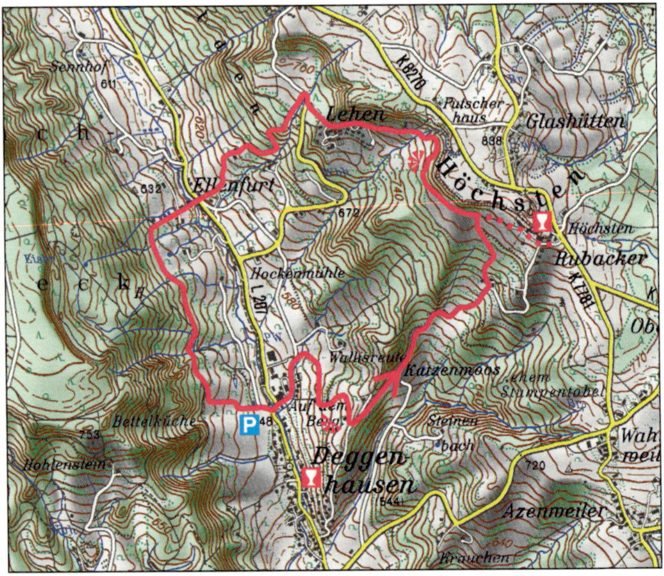

Pfarrkirche in Deggenhausen.

Wegweiser links ab (rotes Kreuz), zuerst auf grasigem Weg, dann durch den Wald länger steil bergab. Nach Austritt aus dem Wald wandern wir mit Wegmarkierung „HW 7“ durch den Bauernhof links ab nach **Ellenfurt**. Unten, an der Straße Deggenhausen – Echbeck, gehen wir wenige Meter nach rechts, überqueren die Straße und wandern auf der anderen Seite geradeaus aufwärts zum Wald. Oben, am Waldrand angekommen, wenden wir uns nach links Richtung Deggenhausen (gelbe Raute). Nach ca. 2 km treffen wir auf den Wegweiser „Deggenhausen 0,4 km“. Wir biegen dort scharf links ab und erreichen nach ca. 200 m den Ausgangsparkplatz.

23 Deggenhausertal – Betenbrunn

Von Deggenhausen über Lellwangen – Betenbrunn – Ellenfurter Tobel durch die Wälder des Aachecks

Diese Tour bietet herrliche Wälder, reizvolle Hügel und Hanglagen mit einmaligen Ausblicken in die bewegte Topographie des Deggenhausertales und auf den unteren Linzgau. Häufiger Wechsel zwischen Hochebenen, steilen Hangkanten und Tobeln charakterisiert diese Landschaft, die der mächtige Rheingletscher vor etwa 15 000 Jahren formte. Auf der Tour sind große Höhenunterschiede mit kräftigen An- und Abstiegen zu bewältigen. Recht abenteuerlich ist der Abstieg von Betenbrunn ins Deggenhausertal durch den unwegsamen Ellenfurter Tobel.

Ausgangspunkt: Deggenhausen.
Parken: In Deggenhausen am Ortsende Richtung Ellenfurt vor der Brücke links ab wenige Meter hoch bis zu einem Waldeck. Dort hat die Gemeinde einen offiziellen, kleinen Wanderparkplatz angelegt.
Karte: Wandern im Deggenhausertal 1:30 000, Hrsg. Gemeinde Deggenhausertal.
Einkehrmöglichkeit: Betenbrunn „Landgasthof zur Post", Deggenhausen „Gasthaus Roßknecht".
Sehenswürdigkeiten: Wallfahrtskirche von Betenbrunn.
Wegbeschaffenheit: Überwiegend gute Wege, bis auf den Abstieg durch den Ellenfurter Tobel, hier etwas unwegsam. Beim Aufstieg ab Deggenhausen sind ca. 220 Höhenmeter zu überwinden. Bei nassem Wetter ist die Variante B zu empfehlen (gestrichelt).
Gehzeit: 3½ bis 3¾ Stunden.

Wegbeschreibung: Vom Wanderparkplatz gehen wir hinauf zum Waldrand, dort halten wir uns links Richtung Lellwangen. Links sehen wir **Deggenhausen** liegen. Bei einer Mariengrotte treffen wir auf den von Deggenhausen heraufkommenden, mit „blauem Punkt" markierten Wanderweg, dem wir rechts steil aufwärts bis Lellwangen folgen. In **Lellwangen** an der Kirche treffen wir auf den Wanderweg mit der Markierung „roter Strich/HW 7" Richtung Betenbrunn. Auf diesem steil bergan führenden Weg kommen wir auch an einer Alpakafarm vorbei. In **Betenbrunn** besuchen wir die schöne **Wallfahrtskirche**. Von dort geht es ohne Markierung weiter. Zunächst an der Kirche vorbei und rechts ab ins Unterdorf. Nach den letzten Häusern von Unter-

Betenbrunn biegen wir rechts ab auf einen Feldweg. Links sehen wir den Anfang des **Ellenfurter Tobels**. An der ersten Abzweigung geht es links abwärts. Ab der nächsten Abzweigung gibt es zwei Varianten für den weiteren Abstieg:

Variante A, auf der Karte gestrichelt dargestellt: Dieser Abstieg in den Ellenfurter Tobel ist nur bei trockenem Wetter zu empfehlen. Wir wandern links abwärts an zwei Fischweihern vorbei. Unterhalb dieser Weiher müssen wir ein verwildertes und meist nasses Wegstück nach rechtshin queren, erreichen beim Waldeintritt aber einen schönen einsamen Weg, der uns ins Deggenhausertal hinableitet.

Blick auf Betenbrunn.

Variante B: Wir gehen bei der Abzweigung rechts weiter auf dem Forstweg. Zuerst wandern wir in vielen Windungen fast eben dahin und dann abwärts, alle Abzweigungen außer acht lassend. Bei Waldaustritt sehen wir links einen einsamen Hof.

A und B: In beiden Fällen erreichen wir ein Teersträßchen, dem wir nach rechts folgen. Auf dem nächsten, rechts abgehenden Feldweg wandern wir weiter immer am Hang entlang, zuerst am Waldrand dann mal im, mal außerhalb des Waldes, bis wir auf die Abzweigung abwärts zum Parkplatz über Deggenhausen stoßen.

24 Zwischen Untersiggingen und Lellwangen

Eine Wanderung auf die aussichtsreiche Hochfläche von Lellwangen, teilweise entlang des Franziskusweges

Nahe am See und doch fern von Trubel und Hektik führt uns diese Rundwanderung vom Deggenhausertal auf die Höhe von Lellwangen. Neben der Andacht an den Bildstöcken des Franziskusweges bietet diese Tour einmalige Ausblicke in die bewegte Topographie des Deggenhausertales. Eine Besichtigung der Kirche St. Martin in Lellwangen lohnt sich. Es ist ein in seiner Einheitlichkeit überzeugender Kirchenbau der 1878 im neuromanischen Stil errichtet wurde.

Ausgangspunkt: Untersiggingen im Deggenhausertal.
Parken: An der Kirche oder beim Friedhof Richtung Eschle.
Karte: Wandern im Deggenhausertal 1:30 000, Hrsg. Gemeinde Deggenhausertal.
Einkehrmöglichkeit: In Kaltbächle „Vesperstube Waldeck".
Sehenswürdigkeit: Kirche St. Martin in Lellwangen (falls geschlossen Schlüssel im Haus Nr 3 gegenüber) und die 1718 erbaute Wendelinskapelle in Mennwangen.
Wegbeschaffenheit: Gute Wege, für jedermann begehbar, teilweise auf geteerten Wegen, Höhenunterschied bis Lellwangen ca. 160 m.
Gehzeit: 3¼ Stunden, bei Verlängerung ab Mennwangen 3¾ Stunden.

Wegbeschreibung: Wir starten an der Kirche in **Untersiggingen**. Zwischen „Schlecker" und Kindergarten gehen wir links über ein Brückchen und anschließend durch das Gewerbegebiet rechts vor bis zur Wittenhofer Straße. Dort halten wir uns kurz links und biegen am Hagenbuch links ab mit Wegweiser „Lellwangen 3,5 km". Wir folgen der Markierung „HW 7/Jubiläumsweg" bis Lellwangen und kommen dabei aufwärts wandernd durch die bäuerlichen Anwesen „Auenhof" und „Grubenhof". Ab dem Auenhof bis Lellwangen verläuft unsere Tour auch auf dem **Franziskusweg** „Sonnengesang". Nach Erreichen der Hochfläche sehen wir vor uns Lellwangen liegen. Auf dem Weg zum Ort bieten sich immer wieder schöne Ausblicke. Wir gehen geradeaus nach **Lellwangen** hinein und auf der Hauptstraße links bis zur Kirche. Vor der Kirche biegen wir links ab und wandern an der Kurve der aus dem Ort hinaus führenden Kreisstraße geradeaus mit Wegweiser „Kaltenbächle 2,4 km/rotes Kreuz". Am Feldkreuz geht es rechts weiter. Das Teersträßchen geht in einen Kiesweg über, der leicht abfallend über die Hochfläche bis zum Wald führt. Dort, am Waldrand, biegen wir links ab und wandern durch den Wald bis zum Weiler **Kaltbächle**. Am „Vesperstüble Waldeck" vorbei, gehen wir ein kurzes Stück auf der Fahrstraße abwärts und in der Kurve geradeaus auf einen Feldweg mit Markierung „rotes Kreuz". Nach 60 m geradeaus wird dieser Weg grasig und führt an einer Ruhebank vorbei, von der man einen herrlichen Ausblick auf den Gehrenberg und das untere Deggenhausertal hat. Ab dort geht unser Weg abwärts ins Tal. Unten überqueren wir die Kreisstraße L 204 leicht rechts versetzt und wandern nach **Mennwangen** hinein. Mitte des Ortes stoßen wir auf einen Wegweiser, der uns den Weiterweg nach Untersiggingen in zwei

Kirche St. Martin in Lellwangen.

Varianten anzeigt. Der kürzere und leichtere Weg geht links ab mit „rotem Punkt“ und führt uns über ein Teersträßchen immer am Hangfuß entlang über **Eschle** nach Untersiggingen.
Rechts ab bietet sich eine abwechslungsreichere aber längere Variante. Sie führt am Reitstall vorbei mit Markierung „gelbe Raute“ auf Feldwegen in Bögen ca. 1,5 km bergan und oben nach Waldaustritt wieder links hinab ins Tal mit Wegweiser „Untersiggingen 2,2 km/roter Punkt“. Unten angekommen, geht es bei Neckenbach auf einem geteerten Fahrsträßchen rechts ab zu unserem Ausgangspunkt in **Untersiggingen**.

Eine weitere Rundtour in diesem Gebiet bietet sich an bei Ausgang in Wittenhofen. Ab dort beginnt der gut ausgeschilderte Franziskusweg nach Lellwangen. Gehzeit ca. 2 Stunden (auf der Karte gestrichelt).

Blick ins Deggenhausertal bei Mennwangen.

25 Auf dem Gehrenberg

Höhentour am Gehrenberg zwischen Möggenweiler und Harresheim

Die abwechslungsreiche, liebliche Landschaft des Linzgaus erstreckt sich vom Bodensee bis zu den Höhen von Heiligenberg, Höchsten und Gehrenberg. Ausgedehnte Waldungen und viele Obstanlagen sind für dieses, zum Wandern einladende Gebiet charakteristisch. Am südlichen Hang des Gehrenberges liegt Markdorf, das auf eine lange Tradition zurückblicken kann und bereits im 13. Jh. Stadtrechte erhielt. Vom 15. bis Anfang des 19. Jh. war Markdorf Sommerresidenz des Fürstbistums Konstanz. Das turmartige Bischofschloss mit steilen Staffelgiebeln beherrscht das hübsche Städtchen und gibt mit der Pfarrkirche St. Nikolaus und anderen historischen Bauwerken Zeugnis vergangener Zeiten. Der bewaldete Gehrenberg trägt einen 30 m hohen Aussichtsturm (704 m), von dessen Plattform man herrliche Aussichten zur Alpenkette und über weite Teile des Bodensee und seinem Hinterland genießen kann.

Ausgangspunkt: Markdorf, Ortsteil Möggenweiler.
Parken: Wanderparkplatz Vogelsang oberhalb der Gaststätte „Paradies" in Möggenweiler.
Karte: Wandern im Landschaftspark Bodensee-Oberschwaben 1:30 000 und Wandern im Deggenhausertal.
Grillmöglichkeit: Am Rastplatz Schweppenen.
Einkehrmöglichkeit: Gasthaus „Paradies" in Möggenweiler; „Hammerhof" bei Harresheim (ab 17 Uhr) und mehrere Gaststätten in Markdorf.
Wegbeschaffenheit: Für jedermann begehbar, am Anfang ca. eine Dreiviertelstunde im Wald aufwärts. Fast durchweg feste Wege, bis auf wenige Abschnitte auf unbefestigten Waldpfaden. Der Abstecher zum Fünfländerblick lohnt sich wegen der schönen Aussicht auf das Bodenseevorland und die Alpen. Bei nassem Wetter ist bei diesem Abstecher aufgrund der teilweise schlechten Wegbeschaffenheit Vorsicht geboten. Höhendifferenz ca. 240 m.
Gehzeit: 3¼ Stunden, bei Abkürzung 2¼ Stunden (auf der Karte gestrichelt).

Wegbeschreibung: Vom Parkplatz aus, wo eine Wandertafel die Orientierung erleichtert, gehen wir den mit blauem Punkt markierten Weg aufwärts Richtung Hepbach. Nach Überqueren eines Baches bietet

sich uns rechts abgehend die Möglichkeit zu einem Abstecher zum **Fünfländerblick**. Zuerst geht es im Wald auf schmalem Pfad leicht abwärts. Nach Verlassen des Waldes gehen wir links auf dem Schotterweg weiter, bis wir auf ein Teersträßchen stoßen. Dort wandern wir den „Stollenholzweg" aufwärts zum Fünfländerblick. An der nächsten Abzweigung biegen wir links ab mit Wegweiser „Gipfelhütte". Im weiteren Verlauf treffen wir auf den von unten kommenden Weg, den wir vor dem Abstecher verlassen hatten. Wir überqueren diesen und wandern in Richtung Gehrenbergturm weiter. An der nächsten Wegegabelung biegen wir links ab auf den „Grafenschachenweg" und wandern Richtung Gehrenbergturm, bis wir auf den rechts abbiegenden Wanderweg nach Urnau gelangen (markiert mit blauem Strich). Wir folgen diesem Weg, biegen beim gekiesten Forstweg in

Föhnstimmung auf dem Gehrenberg.

Ehemaliger Lehenshof bei Harresheim.

Sichtweite des Sturzhofes rechts ab und wandern nach etwa 100 m am Waldrand links den „Brudergartenweg“ entlang. Nach Waldeintritt geht es auf einem unbefestigtem Pfad gleich wieder links parallel zum Waldrand und später kurz auf einen Hof zu. Vor dem Hof biegen wir rechts ab und wandern teils im Wald, teils am Waldrand entlang auf einem Wiesenweg mit schöner Aussicht auf Schloss Heiligenberg und den Bodensee. Im weiteren Verlauf, kurz vor Waldeintritt, wandern wir links am Waldrand auf kaum erkennbarem Wiesenweg entlang, bis wir auf einen geschotterten Feldweg stoßen. Auf diesen biegen wir linkshin ein und wandern abwärts bis zur Kreisstraße K 7750 Markdorf – Roggenbeuren. Wir biegen links ab nach **Harresheim** und dort rechts Richtung Wendlingen. Am schönen Fachwerkhof mit Glockentürmchen (ehemaliger, unter Denkmalschutz stehender Lehenshof des Konstanzer Spitals) gehen wir links aufwärts auf dem mit „HW 7“ markierten Weg Richtung Gehrenbergturm. Nachdem wir die Hochfläche gegenüber dem **Gehrenbergturm** erreicht haben, biegen wir rechts ab und umrunden die Hochfläche, vorbei an der **Gehrenbergrutsche,** die 1911 durch ein Erdbeben entstanden ist. Wegen der Instabilität der Geländekante sollte man nicht zu nahe an den Abbruch herangehen. Nach Erreichen des Gehrenbergturms wandern wir rechts bergab Richtung „Vogelsang“. Beim Parkplatz „Schweppenen“, in dessen Nähe es auch einen **Grillplatz** gibt, gehen wir beim Wegweiser „HW 7“ rechts ab durch den Wald. Weiter unten überqueren wir die Fahrstraße, gehen kurz nach links und dann rechts den steil abfallenden Waldweg abwärts. Wir folgen weiter der Markierung „HW 7“, überqueren im weiteren Verlauf zwei Forstwege und beim dritten geht es direkt in der Kurve links über eine Treppe hinab zum Waldrand. Dort gehen wir auf dem Schotterweg kurz links bis zur Anlage des Hundesportvereins und dann rechts am Zaun weiter zum Wasserreservoir. Wir umgehen die Anlage links und erreichen nach ca. 100 m unseren Parkplatz.

Abkürzung: An der Stelle, an der wir den Weg zum Gehrenbergturm Richtung Urnau verlassen haben, gehen wir geradeaus weiter. Nach Verlassen des Waldes, von wo wir schon den Gehrenbergturm sehen können, gehen wir kurz rechts, der Markierung „HW 7“ folgend, überqueren die Straße Markdorf – Roggenbeuren, gehen geradeaus auf den Waldrand zu und umgehen die Hochfläche bis zum Gehrenbergturm. Dort abwärts, wie schon beschrieben. Einsparung ca. 1 Stunde.

26 Am Nordhang des Gehrenberges

Abwechslungsreiche Wanderung zwischen Roggenbeuren, Urnau und Riedetsweiler

Unsere Wanderung führt uns am nördlichen Gehrenbergrücken entlang mit schönen Ausblicken auf den Höchsten und Heiligenberg sowie auf die Täler von Deggenhausen und Urnau. Der Nordhang des Gehrenberges ist geprägt von sanften Geländeformen mit Wäldern, Äckern, Streuobstbeständen und gehölzbestandenen Fließgewässern. Am äußersten Vorsprung eines Bergsporns liegt die Gemeinde Roggenbeuren mit dem weithin sichtbaren, landschaftsprägenden Ensemble der Pfarrkirche St. Verena, deren Ursprünge bis in die Romanik zurückreichen, und dem repräsentativen Barockbau des Pfarrhauses. Auch die Kirche von Urnau aus dem 16 Jh. ist sehenswert, sie liegt jedoch nicht direkt an unserer Rundtour.

Ausgangspunkt: Roggenbeuren.
Parken: In Roggenbeuren bei der Kirche oder vor dem Restaurant „Ochsen".
Karte: Wandern im Deggenhausertal 1:30 000, Hrsg. Gemeinde Deggenhausertal
Einkehrmöglichkeit: Hotel-Restaurant „Krone" oder Gasthof „Ochsen" in Roggenbeuren.
Sehenswürdigkeiten: Pfarrkirche in Roggenbeuren.
Wegbeschaffenheit: Für jedermann begehbar, größere Abschnitte auf geteerten, aber kaum befahrenen Sträßchen.
Gehzeit: 2¼ Stunden.

Wegbeschreibung: Vom Parkplatz an der Kirche gehen wir dorfaufwärts und biegen beim Wegweiser links Richtung Urnau ab. Am Ortseingang von **Urnau** wandern wir den „Hohreuteweg" rechts hoch mit Markierung „blauer Punkt". Beim nächsten Wegweiser gehen wir geradeaus weiter. Nach dem Hohreutehof wandern wir auf gekiestem Forstweg ein kurzes Stück im Wald bergan. Nach ungefähr 80 m biegen wir rechts ab Richtung „Deggenhausertalblick" und gehen länger fast eben, bis wir auf die Straße Markdorf – Roggenbeuren stoßen. Wir folgen dieser Straße links aufwärts und wenden uns am Waldrand nach rechts. Dort, wo sich uns ein herrlicher Blick auf das Deggenhausertal bietet, laden uns zwei Ruhebänkchen zu einer kurzen Pause ein. Wir wandern auf dem mit „gelber Raute" markierten Weg weiter, halten

Roggenbeuren mit Pfarrkirche.

uns an der nächsten Abzweigung rechts und wandern auf grasigem Weg abwärts zum Wald. Nach Überschreiten des Rittebaches gehen wir geradeaus weiter, bis wir auf die Fahrstraße Harresheim – Riedetsweiler treffen. Wir folgen dort der Wegmarkierung „HW 7" nach rechts und zweigen an der nächsten Wegegabelung links nach Riedetsweiler ab. Ein kurzes Stück wandern wir auf dem Teersträßchen abwärts und biegen dann im Wald ohne Wanderzeichen rechts auf einen gekiesten Forstweg ein (Schild „Verbot für Kraftfahrzeuge"). Nun geht es im Wald fast eben und ohne Abzweigung länger Richtung Norden. Nach Waldaustritt folgen wir dem Wanderweg mit „rotem Punkt" geradeaus durch die Felder. Beim nächsten Wegweiser wandern wir auf dem Fahrsträßchen links abwärts auf den Hof Hornstein zu und dort gleich wieder scharf rechts, bis wir zu einem Umspannmast kommen. Dort befindet sich ein Wegweiser, der eine Abkürzung nach Roggenbeuren anzeigt. Der Weg ist jedoch noch nicht angelegt, bzw. es müsste am Feldrand entlang weglos weitergegangen werden, bis hangabwärts die Wegsituation wieder etwas deutlicher wird. Solange die Wegführung unklar ist, gehen wir das Teersträßchen weiter abwärts, bis wir unten auf die Straße Wittenhofen – Urnau gelangen. Wir biegen dort rechts ab und wandern auf dem parallel zur Hauptstraße verlaufenden Fuß- und Radweg nach **Roggenbeuren**.

27 Von der Deggenhauser Aach zum Gehrenberg

Abseits vielbegangener Wege zwischen Untersiggingen, Oberstenweiler und Grünwangen

Auf stillen, einsamen Wegen führt die nachstehende Wanderung in der Nähe des Gehrenberges und des unteren Deggenhausertals durch eine wenig begangene, reizvolle Landschaft. Wälder, Felder, Wiesen, Bäche und Tobel bestimmen den Abwechslungsreichtum dieser Gegend. Immer wieder gibt es entlang des Weges Ausblicke auf die Salemer und Deggenhauser Aach, auf die Höhen von Heiligenberg, Höchsten sowie Gehrenberg.

Ausgangspunkt: Untersiggingen im Deggenhausertal.
Parken: An der Kirche oder beim Friedhof Richtung „Eschle".
Karte: Wandern im Deggenhausertal 1:30 000, Hrsg. Gemeinde Deggenhausertal.
Einkehrmöglichkeit: Unterwegs keine, in der Nähe Gasthaus „Adler" in Wittenhofen.
Wegbeschaffenheit: Für jedermann begehbar, ab Neckenbach Richtung Oberstenweiler längerer Anstieg durch den Wald, auf der ganzen Strecke nur wenige geteerte Wege, Höhendifferenz ca 100 m.
Gehzeit: 2½ Stunden.

Wegbeschreibung: Beim Gasthof „Sternen" folgen wir links dem Straßenschild „Überlingen/Salem". Nach etwa 150 m bei der Rechtskurve wird links auf das Fahrsträßchen Richtung **Eschle** abgebogen. Von hier bis Oberstenweiler ist der Weg mit „rotem Punkt" markiert und berührt dabei die Höfe Neckenbach und Allmannshausen. Kurz vor dem **Therapiezentrum „Sieben Zwerge"** geht es links spitzwinkelig, fast in der Gegenrichtung, weiter zum gegenüberliegenden Waldrand. Dort wandern wir rechts auf einem verwachsenen Weg eben in den Wald hinein und später mit einer Linkswendung abwärts. In einer Kurve wird ein guter Forstweg angetroffen, dem wir rechtshin bis zum Waldaustritt folgen. Dort geht es links ab am Waldrand entlang. Bald sehen wir vor uns die ersten Häuser von Grünwangen, das wir über einen Feldweg erreichen.
In **Grünwangen** biegen wir von der Hauptstraße in die „Kolbengasse" ein und wandern auf dieser aufwärts. Das Teersträßchen geht zuerst in einen Kiesweg, später in einen Grasweg über. Nach Erreichen eines großen Holzschopfes wandern wir rechts an der Obstanlage vorbei bis

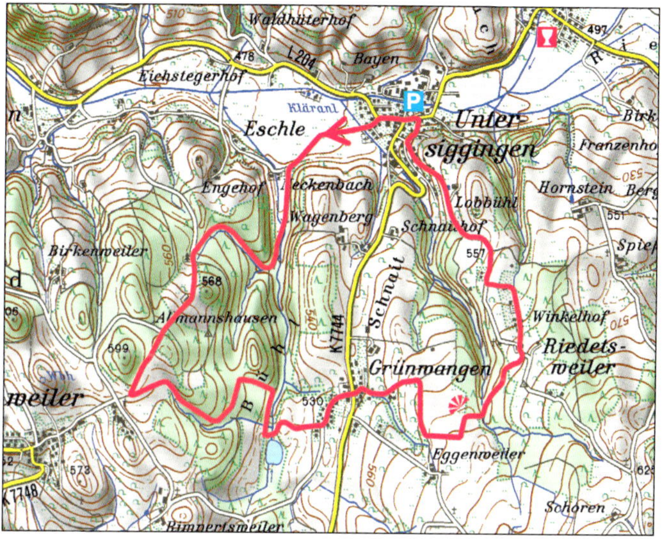

zu einem kleinen Wäldchen. Dort biegen wir links auf einen gekiesten Feldweg ein und folgen diesem über die Ackerfläche bis zum Wald. Am Waldrand stoßen wir auf einen Wegweiser. Wir wandern in den bewaldeten Tobel hinab und nach Überquerung des Dürrenbachs auf der anderen Seite wieder aufwärts. Oben endet der Forstweg. Wir halten uns dort links und gehen kurz über einen Grasweg und anschließend auf kaum sichtbarem Pfad rechts durch den Jungwald. Nach Verlassen des Waldes sehen wir links vor uns den **Winkelhof,** an dem wir vorbei Richtung Untersiggingen weiterwandern. Bis zu unserem Ausgangsort folgen wir talabwärts dem mit „rotem Strich" markierten Wanderweg.

28 Höhenwanderung bei Heiligenberg

Schloss Heiligenberg und seine Umgebung – Rundtour mit herrlichen Ausblicken

Bequeme Höhenwanderung durch Wälder mit Ausblicken auf den Linzgau, den fernen Bodensee und bei klarem Wetter bis zu den Alpen. Gelegenheit zur Besichtigung des Schlosses, dessen erste Burganlage im 13. Jh. auf die Landgrafen von Heiligenberg zurückgeht. Im 16. Jh. bauten die Fürsten von Fürstenberg die Burg zu einem prachtvollen Schloss aus. Der weiträumige Renaissance-Rittersaal mit seiner kunstvollen Kassettendecke und die schöne Schlosskapelle machen einen Besuch lohnenswert. Das Schloss ist immer noch im Besitz der Adelsfamilie von Fürstenberg.
Die Klause Egg, an der wir auf unserer Wanderung vorbeikommen, wurde 1256 erstmals besiedelt. Nach wechselvoller Belegung durch Mönche des Salemer Klosters und durch Zisterziensermönche, zogen hier 1971 Trappistinnen ein. Im Umfeld der Klause entdecken wir auch immer wieder Zeugnisse aus der geologischen Vergangenheit. Man stößt dort auf Sandsteinschichten aus dem Tertiär, als sich hier ein großes Meer befand und Nagelfluhfelsstücke vom Ende der ersten Eiszeit, als die schmelzenden Gletscher Moränenhöhenzüge aus Sandsteinmolasse und Nagelfluhmaterial zurückließen.

Ausgangspunkt: Heiligenberg (726 m).
Parken: Ortsmitte am Postplatz oder am Parkplatz beim Rathaus an der Straße Richtung Betenbrunn.
Karte: Wandern in der Region Bodensee-Linzgau 1:30 000, Hrsg. Stadt Überlingen.
Sehenswürdigkeit: Schloss Heiligenberg, geöffnet von Ostern bis 31. Oktober, Montag Ruhetag.
Einkehrmöglichkeit: In Heiligenberg mehrere Gaststätten und Cafés.
Wegverhältnisse: Fast durchweg feste Forstwege, längerer Abstieg durch den Wald, am Schluss kurzer Anstieg.
Gehzeit: 2 Stunden.

Wegbeschreibung: Vom Parkplatz vor dem Schloss gehen wir durch das Tor der Vorburg zum freistehenden Glockenturm und dort links mit Wegweiser „Schweizer Haus" durch den Schlossgarten. Wenn das **Schloss** geschlossen ist, gehen wir links an der Vorburg vorbei zum Glockenturm und dort links außerhalb des Schlossgartens an der

Schloss Heiligenberg.

Hecke entlang. Am Ende des Gartens kommen wir auf einen Weg, der abwärts zum „Schweizer Haus" führt. Wir folgen diesem jedoch nicht, sondern gehen geradeaus weiter auf schmalem Pfad mit Markierung „W3/W6". Nach Überschreiten einer Wiesenfläche mit schönem Ausblick stoßen wir am Waldrand auf den „Viktorplatz". Dort geht es auf breitem Weg halbrechts hinunter zur Bergkante, wo auch ein Steg zur Klause Egg hinabführt. Wir gehen jedoch nicht hinab, sondern wandern zuerst wenige Schritte links zurück und dann rechts mit Schild „Betenbrunn". Nach etwa 40 m, wo links aufwärts der Rundweg nach Betenbrunn abgeht, wandern wir mit Markierung „W3" geradeaus, immer der Bergkante entlang, bis zur „Menaruhe". Von dort geht es leicht abwärts nach rechts bis zu einem Knotenpunkt, bei dem wir zuerst wenige Meter links und dann rechts auf dem ansteigenden Weg mit Markierung „W3" weiterwandern. Oben erreichen wir schließlich ein Forststräßchen. Auf dem mit „Rundweg/W3" bezeichneten Kiesweg wandern wir eben weiter. Bei der nächsten Gabelung (Wegedreieck) gehen wir rechts ab auf einem mit „rotem Kreuz" markierten Weg. Im weiteren Verlauf kommen wir zum Park- und Rastplatz „Hubertusbock" an der Straße Heiligenberg – Betenbrunn. Wir gehen auf dieser Fahrstraße nach rechts und biegen nach ca. 60 m auf den links

abgehenden Weg ein. Wir wandern nun länger geradeaus Richtung Betenbrunn. Oben vor dem Waldrand biegen wir rechts ab (rotes Kreuz) und wandern nach Austritt aus dem Wald an der linksseitigen Lindenreihe entlang, bis wir von neuem die Straße nach Betenbrunn erreichen. Diese und die nachfolgende Forststraße überqueren wir und folgen dann dem Weg „Klause Egg 2,4 km" in vielen Windungen länger abwärts. An der nächsten Wegegabelung gehen wir fast eben weiter Richtung Klause Egg. Wir kommen nach wenigen Gehminuten zu einem weiteren Wegweiser. Ab dort geht es rechts aufwärts, bis wir die 700 Jahre alte **Klause Egg** erreichen. Nach einem Bildstock geht es rechts zum **Schweizer Haus,** einem reizvollen Berner Landhaus, das 1834 für die fürstlichen Herrschaften errichtet wurde. Ab dem Schweizer Haus geht es durch einen steilen Hohlweg hinauf zum Schlossgarten und dort eben bis zum Schloss bzw. zum Ausgangspunkt.

29 Frickinger Tobel, Altheiligenberg und Schwedenschanze

Ein Rundweg mit geschichtlich interessanten Plätzen und beeindruckenden Aussichtspunkten

Die Wanderung führt durch den Frickinger Tobel hinauf nach Altheiligenberg und zur Schwedenschanze. Altheiligenberg wurde 944 durch die Herren von Heiligenberg errichtet. Diese Herren waren von 1135 bis 1277 auch Grafen des Linzgaus. Mitte des 13 Jh. verlegten sie die Burg an den Ort, wo heute das Renaissanceschloss Heiligenberg steht. Altheiligenberg verfiel im 14. Jh., heute sind nur noch die ehemaligen Burggräben sichtbar. Unser Weg führt uns auch zur „Schwedenschanze". Diese Befestigungsanlage heißt im Volksmund Schwedenschanze, da im Dreißigjährigen Krieg die Schweden hier ein Heerlager unterhielten. Die Ursprünge der Anlage gehen aber ins 4. Jh. zurück, als sich die Linzgauer gegen die Angriffe durchziehender Heere hier in Sicherheit brachten. Im 9. Jh. erfolgte der Ausbau zu einer Höhenburg durch die Grafen von Frickingen, die im 10. Jh. urkundlich erwähnt werden.

Ausgangspunkt: Frickingen, nördlich von Salem.
Parken: Waldparkplatz Rickenwiesen. Am Gasthof Adler in Frickingen zweigen wir zum Ortsteil Rickenwiesen ab. Am Umspannwerk halten wir uns rechts. Etwa 100 m nach dem „Gasthof zum Wiebächle", kurz nach der Ortstafel „Ende Frickingen" und vor dem Wegweiser „Birkenweiler" nehmen wir den von der Teerstraße rechts abzweigenden Schotterweg und erreichen nach etwa 100 m zwei kleinere Parkplätze.
Karte: Wandern im Landschaftspark Bodensee-Oberschwaben 1:30 000, Hrsg. Stadt Überlingen.
Einkehrmöglichkeiten: Unterwegs keine, sonst Gasthöfe in Frickingen.
Sehenswürdigkeiten: „Bodensee-Obstmuseum" in Frickingen, in der Nähe das „Tüftlerwerkstatt-Museum" in Altheim und das „Gerbermuseum zur Lohmühle" in Leustetten.
Grillplatz: Überdachte Grillstelle am Parkplatz Rickenwiesen.
Wegverhältnisse: Beim Aufstieg im Tobel etwas Kondition erforderlich, zum Teil schmale, unbefestigte Pfade, Höhendifferenz ca. 230 m.
Gehzeit: 3½ Stunden.

Wegbeschreibung: Altheiligenberg ist unser erstes Ziel, bis dahin folgen wir immer dem Wegweiser „Altheiligenberg". Gleich hinter dem zweiten Parkplatz nehmen wir an der Wegegabel den rechten Pfad, der den Frickinger Tobel hinaufführt. Der Tobelbach links von uns hat sich in Jahrtausenden in die Molasseschichten eingeschnitten, welche sich uns teilweise in den steilen Schluchtwänden zeigen. Nach etwa 20 Minuten (1 km) tobelaufwärts gelangen wir an eine Kreuzung, die wir geradeaus überqueren. Wir steigen in der bisherigen Richtung weiter bergan durch den Tobel. Der Pfad weitet sich zum Waldweg und stößt nach ungefähr 250 m auf einen breiteren Weg, auf dem wir rechts hinauf weiterwandern. Nach ca. 120 m, wo sich der Fahrweg teilt, gehen wir geradeaus weiter. Unser Weg führt uns zunächst geradeaus und dann in einem steilen Rechtsbogen hinauf auf die Höhe bei einer Kiesgrube. Von dieser Stelle geht es etwa 50 m abwärts in Richtung „Altheiligenberg", dann bei der Wegegabel kurz links abwärts und danach kurz scharf rechts zum Rondell des „Karl-Egon-Platzes". Auf der gegenüberliegenden Seite des Rondells steigen wir auf einem Waldweg rechts hinauf zur Hütte von **Altheiligenberg**. Von hier bietet sich uns ein herrlicher Blick hinüber auf das Renaissanceschloss Heiligenberg und auf die Gipfel der Alpen. Hinter der Hütte führt ein Pfad zur höchsten Stelle des Hügels, an der einst die Stammburg der Herren

Fernblick auf Schloss Heiligenberg.

von Heiligenberg stand. Nach Besichtigung der noch gut sichtbaren Grabenanlagen steigen wir auf der gegenüberliegenden Seite des Aufstiegs wieder zum „Karl-Egon-Platz" ab.

Unser nächstes Ziel ist die **Schwedenschanze**. Wir gehen die 30 m, die uns zum „Karl-Egon-Platz" führten, wieder zurück, dann aber nicht scharf links aufwärts, sondern etwa 70 m leicht rechts abwärts, dem Schild „Heiligenberg" folgend. Wir treffen auf eine Wegegabelung und nehmen den links aufwärts führenden Weg „Heiligenberg". Wir wandern nun in vielen Windungen ca. 15 Minuten bergan zur Hochfläche. Gegen Ende dieser Wegstrecke befindet sich ein kleiner Gedenkstein rechts am Wegesrand. Kurz danach treffen wir auf eine Wegegabel. Hier verlassen wir den breiteren Weg und gehen links in den Fichtenwald hinein. Schon nach 40 m erfolgt erneut eine Richtungsänderung scharf nach links. Wir treffen auf einen schmalen Pfad, dem wir ungefähr 45 Minuten lang folgen. Unsere Wegbegleiter sind die Schilder mit „rotem Kreuz" und „Jubiläumsweg Bodenseekreis" sowie ab und zu die Pfeile „Schwedenschanze". Nach etwa 500 m geht der Pfad scharf rechts aufwärts und dann leicht ab- und aufsteigend an der Bergkante entlang. Es bieten sich immer wieder herrliche Ausblicke auf Schloss Heiligenberg, Schloss Salem und den Linzgau.

Nach etwa zwei Dritteln der auf dem Pfad zurückgelegten Wegstrecke führen die Schilder mit den roten Kreuzen nach rechts auf einen Fahrweg. Wir aber bleiben auf dem „Jubiläumsweg Bodenseekreis“, der als schmaler Pfad immer an der Kante des linksseitigen Steilabfalls entlang führt. Sollte der Pfad im Herbst wegen des Laubes an manchen Stellen nicht klar zu erkennen sein, gilt die Kante als Richtlinie. Am Ende dieser Wegstrecke führt uns ein Hohlweg abwärts zum Eingang der Schwedenschanze. Über mehrere Gräben steigen wir hinauf auf die Hochfläche, den einstigen Lagerplatz der Schanze.

Der Rückweg zum Parkplatz: Von der Hochfläche der Schwedenschanze gehen wir auf demselben Weg zurück zum Eingang der Schanze. Von dort wandern wir links hinunter auf einem Fahrweg. Wir kommen zu einer Lichtung und schlagen dort links den zunächst eben weiterführenden Fahrweg mit dem Wegweiser „Frickingen/Rickenwiesen“ ein. An der nächsten Wegegabel gehen wir rechts abwärts in vielen Bogen bis zum Waldaustritt. Dort blicken wir auf die Häuser von Birkenweiler. Unser Weg führt nun am Waldrand entlang. An der Kreuzung, auf die wir bald stoßen, gehen wir nicht rechts abwärts in Richtung Frickingen/Rickenwiesen, sondern geradeaus den Pfeilen „Tobel, Altheiligenberg, Heiligenberg“ folgend. Wir befinden uns zunächst noch am Waldrand, kommen dann durch ein längeres Waldstück, gehen danach oberhalb eines rechtsseitig abfallenden Wiesenhangs entlang und wandern nochmals etwa 350 m durch den Wald. Hier gelangen wir an eine größere Kreuzung, wandern auf dem rechts abwärts führenden Waldweg hinunter und erreichen nach etwa 10 Minuten den Waldparkplatz Rickenwiesen.

30 Durch Obst- und Weingärten bei Immenstaad

Höhen- und Uferrundweg zwischen Immenstaad und Hagnau

Die Region zwischen Immenstaad und Hagnau zählt zu den größten Obst- und Weinanbaugebieten am Bodensee. Ein Teil der Wanderung verläuft auf dem von der Gemeinde Immenstaad eingerichteten Apfelspazierweg mit interessanten Informationen zum Obst- und Weinbau. Sehenswert an der Rundwanderung ist das Schloss Hersberg, ein um 1550 entstandener Frontalbau mit mächtigen spätgotischen Treppengiebeln. Schloss Hersberg war im 15. Jh. im Besitz des Konrad Rudolf von Hersberg, ging dann 1618 an das Kloster Ochsenhausen über, 1929 schließlich erwarben es die Pallottiner von den Fürsten Salm Reifferscheid. Heute ist das Schloss ein geistliches Haus der Bildung und Begegnung. Sehenswert ist ebenfalls das um 1200 erbaute Kirchlein St. Oswald und Otmar in Frenkenbach.
Beim Durchgang durch das bekannte Fischer- und Winzerdorf Hagnau ist vor allem die Pfarrkirche St. Johann Baptist mit dem angegliederten Fachwerkgebäude des „Salmansweiler Hofes“ bemerkenswert. Auffallend ist auch das mächtige Gasthaus „Zum Löwen“ und die schlossartige Weingartensche Hofmeisterei, in der das Rathaus untergebracht ist, sowie am Ortsausgang der Torkel von 1747.
Die aussichtsreiche Wanderung führt auf der Höhe durch ausgedehnte Obstanlagen und Weinberge und am Schluss entlang des Seeufers nach Immenstaad zurück. Auf dem Rückweg taucht etwas abseits das im 13. Jh. erbaute Schloss Kirchberg auf, das sich einst im Besitz des Klosters Salem befand und später ins Eigentum des Markgrafen von Baden überging. Inzwischen wurde das Schloss an Privat verkauft und zu Eigentumswohnungen umgebaut.

Ausgangspunkt: Schloss Hersberg bei Immenstaad.
Parken: Auf dem Parkplatz beim Schloss bzw. am Seniorenwohnheim.
Karte: Wandern in der Region Bodensee-Linzgau 1:30 000, Hrsg. Stadt Überlingen.
Einkehrmöglichkeit: Direkt auf der Rundtour kann man in mehreren Gasthöfen in Hagnau einkehren, z. B. im Restaurant-Café „Löwen“, in der Nähe empfiehlt sich in Kippenhausen das „Café im Puppenmuseum“, in Immenstaad das „Strandcafé Heinzler“ oder in Kippenhausen der Gasthof „Montfort“.
Sehenswürdigkeiten: Am Weg: Schloss Hersberg, in Frenkenbach die Kirche St. Oswald und Otmar, in Hagnau die Pfarrkirche St. Johann

Babtist mit angebautem „Salmansweiler Hof" und der alte Weintorkel, in der Nähe in Kippenhausen die barockisierte Kirche Mariä Himmelfahrt, Haus Montfort mit Heimatmuseum und das Puppenmuseum, in Immenstaad alte Bauernhäuser wie das Schwörerhaus, Haus Michael und die alte Vogtei sowie die katholische Pfarrkirche.
Wegbeschaffenheit: Für jedermann begehbar, nur kurze Steigungen, überwiegend Teersträßchen, aber auch gekieste Wege und Uferpfade. Die Wege sind teilweise als Obst- und Weinlehrpfade angelegt und deshalb stärker frequentiert, empfehlenswerte Tour für Familien mit Kindern.
Gehzeit: 3¼ Std. (Wegverlauf der Variante II auf der Karte gestrichelt).

Wegbeschreibung: Vom Parkplatz aus gehen wir ca. 40 m aufwärts und dann gleich links dem Apfelweg folgend zum **Hochberg** empor. Oben empfiehlt sich ein kurzer Abstecher rechts hoch zum roten Rebhäuschen mit Panoramatafel. Von dort, auf einem eiszeitlichen Drumlinhügel von 454 m Meereshöhe, hat man einen fantastischen Ausblick auf die Umgebung von **Immenstaad**, auf den See und hinüber zum markanten Säntismassiv. Immer wieder treffen wir am Weg auf Infotafeln zum Weinbau dieser Region. Nach unserem Abstecher auf die

Das ehemalige Schloss Kirchberg bei Immenstaad.

Höhe gehen wir zurück auf den Herweg und dort rechts weiter, zuerst noch flach, dann rechts steil aufwärts und oben links auf gekiestem Weg bis zu einem Teersträßchen, dem wir bis zu einer Umspannstation folgen. Ab dieser gibt es zwei Varianten für die weitere Wanderung Richtung Frenkenbach.

Bei der **Variante I** biegen wir bei der Umspannstation scharf links ab, dem Schild „Apfelweg" folgend bis zur Hauptstraße. Dort wenden wir uns nach links und gehen auf der leicht abfallenden Straße nach ca. 600 m rechts ab mit Wegweiser „Frenkenbach 1,2 km". Wir wandern diesen Weg aufwärts, am Strommast vorbei und über den Höhenweg bis zum Ortsteil **Frenkenbach.**

Die **Variante II** bis nach Frenkenbach beginnt ebenfalls bei der Umspannstation in Kippenhausen. Wir biegen dort aber nicht links ab, sondern gleich geradeaus auf die Hauptstraße. Diese wandern wir ein kurzes Stück rechts hinauf Richtung Kippenhausen. Nach Ende der Rechtskurve biegen wir links ab und gehen auf dem schmalen Teersträßchen abwärts auf den Aussiedlerhof zu. Unten bei der Wegegabel wandern wir rechtshin aufwärts, bis wir oben auf die Straße Kippenhausen – Jettenhausen stoßen. Auf dieser gehen wir ca. 40 m nach links und verlassen dann die Hauptstraße in Richtung „Hagnau-Frenkenbach". Wir folgen geradeaus dem Sträßchen bis in den Wald hinein und dort, nach ca. 200 m, biegen wir links ab, auf den mit „rotem Kreuz" markierten Waldweg nach Frenkenbach. An der Kirche treffen sich Variante I und II. Ein Besuch der **Kirche St. Oswald und Otmar** ist lohnenswert. Vom Portal aus gesehen wandern wir rechtshin weiter, immer dem Teersträßchen folgend, bis wir auf die Straße nach Hagnau stoßen. Wir gehen diese Straße wenige Meter nach links und biegen dann gleich bei den Sportanlagen wieder rechts ab. Der weitere Weg führt am Waldrand entlang bis zu einer Wegegabel. Dort halten wir uns links und folgen dem Wegweiser „Wilhelmshöhe 1,2 km". Kurz nach Überschreiten der Kuppe biegen wir links ab aufwärts zum **Naturdenkmal Wilhelmshöhe**, von dem sich uns ein herrlicher Rundblick bietet. Auf dem nach wenigen Metern rechts abbiegenden Weg wandern wir links steil abwärts durch die Weinberge nach **Hagnau**. Wir überqueren an der Ampel die Hauptstraße und wandern im Ort zum See hinab. Unten angekommen, wenden wir uns beim Restaurant „Rebstöckle" nach links und gehen die Ortsstraße entlang bis zur Minigolfanlage. Nach dieser Anlage, am Verbotsschild für Radfahrer, geht ein schmaler Uferweg ab, dem wir bis zum Ende am Camping-

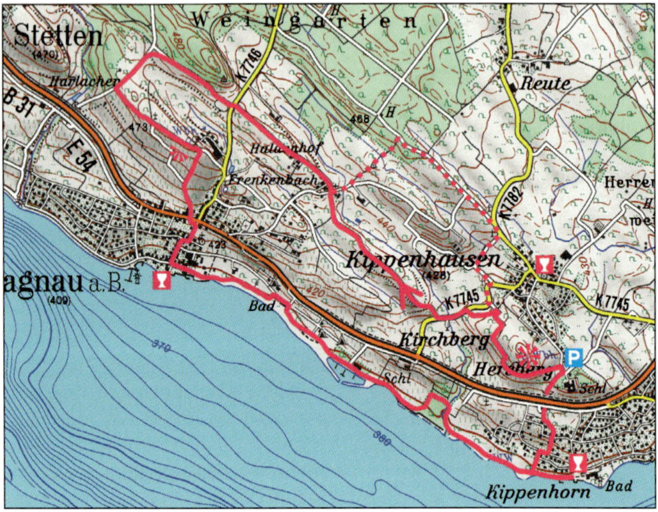

platz folgen. Dort aufwärts gehend, treffen wir auf die „Strandbadstraße“, in die wir rechts einbiegen. Gleich hinter dem Strandbad gehen wir rechts hinab und und durchqueren ufernah den Campingplatz und den angrenzenden Bootshafen. Am Ende des Hafengeländes bei einer Absperrung geht der geteerte Weg in einen schmalen, unbefestigten Uferweg über. Wir folgen diesem bis zum nahen Wald, durchqueren diesen und biegen nach der Holzbrücke rechts ab auf den ufernahen Weg in Richtung Immenstaad. An einer Absperrung kurz vor den ersten Häusern gehen wir nicht rechts am Ufer weiter, sondern geradeaus aufwärts bis zu „Hardstraße“. Auf dieser Querstraße gehen wir kurz rechts und dann gleich bei der Hausnummer 83 die Treppe zwischen den Häusern hinauf. Oben geht es nach ca. 70 m bei einer Bushaltestelle geradeaus über die Straße und weiter durch die Neubausiedlung bis zu einem Wegekreuz. Wir biegen dort rechts ab und gehen dann geradeaus durch die schon sichtbare Unterführung bis zu unserem Parkplatz am Schloss Hersberg.

31 Um Meersburg

Über Hügel und durch Wälder oberhalb von Meersburg

Meersburg, der ehemalige Residenzort der Konstanzer Fürstbischöfe, ist der romantischste Ort am Bodensee, und nicht nur ein Rundgang durch diese mittelalterliche Stadt mit ihren verträumten Winkeln und Gässchen wird zum Erlebnis, sondern auch diese Rundwanderung über die Höhen von Meersburg, die uns immer wieder zauberhafte Ausblicke auf die Stadt und den Bodensee bietet.
Meersburg liegt am Steilabfall einer eiszeitlicher Drumlinlandschaft, die großflächig mit Rebanlagen bestockt ist. Westlich des Ortsetters beginnt ein Waldgebiet, das sich bis nach Unteruhldingen erstreckt. Auf den Südhängen der Drumline nördlich der Stadt sorgt der Wechsel von Rebgärten, Wiesen- und Streuobstflächen, Feldgehölzen sowie kleineren Waldgebieten für ein abwechslungsreiches Landschaftsbild.

Ausgangspunkt: Meersburg, bei der Sommertalschule.
Parken: Auf gebührenpflichtigem Parkplatz vor der Schule. Wer sich die Gebühren ersparen möchte, kann bis zu den Sportstätten weiterfahren und dort links ab auf den Wanderweg einschwenken, versäumt dann aber den aussichtsreichen Höhenweg oberhalb von Meersburg.
Karte: Wandern in der Region Bodensee-Linzgau, 1:30 000, Hrsg. Stadt Überlingen.
Einkehrmöglichkeit: In Meersburg mehrere Gaststätten, unterwegs in Daisendorf im „Dorfkrug“ oder im „Schützenhaus“.
Wegbeschaffenheit: Überwiegend feste Wege, für jedermann begehbar, nur am Anfang längere Waldpfade.
Gehzeit: 3 Stunden.

Wegbeschreibung: Vom Parkplatz aus gehen wir auf der Herfahrtsstraße zurück bis zur „Daisendorfer Straße“, dort rechts ab und nach ca. 60 m gleich wieder rechts den „Droste-Hülshoffweg“ aufwärts bis zum **Ödenstein**. Dort bietet sich eine herrliche Aussicht auf den See mit Fährhafen und auf den Überlinger See mit der Insel Mainau. Unser weiterer Weg ist als „großer und kleiner Naturlehrpfad“ sowie mit dem blauen Zeichen des „Bodenseerundwanderwegs“ gekennzeichnet. Wir wandern den „Hülshoffweg“ weiter bis zum Wald und dann auf schmalem, unbefestigtem Waldweg abwärts bis zum „Glashäusleweg“. Diesen überqueren wir und gehen geradeaus weiter abwärts, bis wir auf einen Kiesweg stoßen. Wir gehen dort links bis zu einem

Wegweiser und dann in den **Gehautobel** hinab. Nach Überqueren des Brückchens wandern wir rechts und oben gleich wieder scharf links. Nach wenigen Metern auf dem Sträßchen folgen wir dem rechts abgehenden schmalen Waldweg. Diesem immer noch als Bodenseerundwanderweg bezeichneten Weg folgen wir bis zu einer Wegegabel, wo von links her kommend eine geteerte Straße endet. Gegenüber dem letzten Haus, beim Durchfahrtverbotsschild, wandern wir auf gekiestem Fahrweg rechts stetig aufwärts, bis der Weg oben aus dem Hochwald austritt. Dort verläuft unserer weiterer Wanderweg in Bögen zuerst links dann rechts, vorbei an einem Schild „Naturpfad", und geht dann später in ein Teersträßchen über. Diesem folgen wir entlang der Neubauten bis zur Brücke über die B 31. Wir überqueren die Brücke und biegen dann sofort nach links in einen Feldweg ein. Dort wandern wir zuerst ein Stück parallel zur Bundesstraße Richtung Westen und dann unterhalb der bewaldeten Anhöhe auf schmalem, grasigem Weg rechts am Waldrand entlang. An der Wegegabel nach Ende des Waldes gehen wir rechts ab auf **Daisendorf** zu. An der Kapelle überqueren wir die Straße von Meersburg nach Mühlhausen.

Die Meersburg von der Höhe aus gesehen.

Die schon 1155 erwähnte **Martinskapelle** besitzt im Chor sehenswerte alte Fresken. Wir wandern die Dorfstraße aufwärts bis zur links führenden Abzweigung „Im Döbele". Am Dorfbrunnen biegen wir links ab Richtung Schützenhaus.Vor dem Waldrand folgen wir dem Sträßchen „Am Gärtlesberg" rechts aufwärts.
An dieser Stelle empfiehlt sich ein kurzer Abstecher zum Restaurant „Schützenhaus", vorbei an einem, direkt am Weg liegenden Wildgehege. Der Weg bietet eine hübsche Aussicht und das Schützenhaus. Gelegenheit zur Einkehr.
Am höchsten Punkt des Weges, „Am Gärtlesberg", steigen wir zum rechtsbefindlichen Wasserreservoir hinauf. Von dort bietet sich ein herrlicher Panoramablick auf Meersburg und den Bodensee und bei klarem Wetter sogar bis zu den Hegaubergen.
Auf dem Kammweg weiter abwärtsgehend erreichen wir bald die Straße nach Baitenhausen. Dieser folgen wir rechts etwa 100 m abwärts. Dann biegen wir links ab in den Waldweg Richtung Neuweiher.
Nun wird an dem idyllischen **Neuweiher** entlang gewandert, und am Ende des Weihers gehen wir rechts weiter, wobei die bewaldete Anhöhe in einem Rechtsbogen umgangen wird. Bald werden die ersten Häuser erreicht und dort das Fahrsträßchen nach links eingeschlagen. Nach ca. 200 m biegen wir rechts ab auf die Weinberge zu, unterhalb des früheren Parksanatoriums entlang und links die steile Treppe abwärts durch die Weinberge auf die Bundesstraße zu. Unten ca. 10 m nach links und unter der der B 31 hindurch Richtung Meersburg. Nach dem Kreisverkehr gehen wir noch ca. 100 m Richtung Ortsmitte, und dann biegen wir rechts ab in den „Lerchenweg". An der nächsten Querstraße (beim Schlecker) gehen wir links und gleich wieder rechts, die „Obere/Untere Waldstraße" aufwärts. Auf der Höhe, bei der Straße „Auf dem Hirtle", gehen wir geradeaus weiter, am höchsten Punkt über die Querstraße hinweg und geradeaus die Treppe hinab zum bereits sichtbaren Parkplatz.

32 Wallfahrtskirche Baitenhausen

Wanderung entlang des Meersburger Höhenrückens mit Ausblicken in den Linzgau und zum Bodensee

Beim Ausgangspunkt befindet sich auf einem Bergsporn die schöne, barocke Wallfahrtskirche, in der auch zwei berühmte Fresken von Johann Wolfgang Baumgartner zu sehen sind, die die Bodenseelandschaft darstellen. Die Wanderung führt ab der Wallfahrtskirche über ruhige Waldwege, vorbei am Neuweiher, der im Mittelalter das Wasser für den Meersburger Stadtgraben lieferte, und hinauf auf die Hochfläche oberhalb Riedetsweiler mit schönen Ausblicken auf den Bodensee. Auf dem Weg Richtung Braitenbach lohnt sich ein Abstecher zum schönen Gebäudeensemble von Braitenbach mit dem Ober- und Unterhof und der Dreifaltigkeitskapelle. In der 1521 geweihten Kapelle sind vor allem der Seitenaltar und die Pilgerzeichnungen von Wanderern auf dem Jakobsweg interessant.

Ausgangspunkt: Baitenhausen, Wallfahrtskapelle. Der Ort liegt nördlich von Meersburg an der Straße nach Ahausen/Bermatingen.
Parken: Bei der Kirche und dem Gasthof „Grüner Berg".
Karte: Wandern in der Region Bodensee-Linzgau, 1:30 000, Hrsg. Stadt Überlingen.
Sehenswürdigkeit: Wallfahrtskirche Baitenhausen mit Fresken.
Einkehrmöglichkeit: „Grüner Berg" bei der Wallfahrtskirche.
Wegbeschaffenheit: Für jedermann begehbar, kurzer Aufstieg nach Daisendorf mit ca. 70 m Höhenunterschied.
Gehzeit: 2½ Std., bei Abkürzung 1½ Std. (auf der Karte gestrichelt).

Wegbeschreibung: Vom Gasthaus „Grüner Berg" gehen wir ca. 100 m auf dem Anfahrtsweg zurück und biegen dann rechts auf einen Feldweg ein (S 9). Dieser mündet unten auf ein Teersträßchen, das wir rechts einschlagen und etwa unterhalb der Kirche nach links abbiegend wieder verlassen (Schild Wanderweg). Der Weg führt nun in den Wald mit Markierung „blaues Kreuz / gelbes Kreuz / S 9" und verläuft am Hang entlang bis zu einer Kreuzung, wo er auf den von rechts kommenden Weg aus Schiggendorf trifft. Dort geht es im spitzen Winkel links bergauf Richtung Daisendorf mit Markierung „8". Bei Erreichen der ersten Häuser von **Daisendorf/Gärtlesberg** geht es links ab zum **Neuweiher** und dort entlang bis zum Ende des Weihers. Wir wandern dort kurz links und stoßen auf ein Teersträßchen, das rechts hoch zu einem

schon weithin sichtbaren Wegweiser führt. Auf dem Kammweg wandern wir zwischen Wiesen, Weinbergen und Feldern zur **Aussichtshöhe „Schüssel".** Hier genießen wir den herrlichen Rundblick, der bei klarem Wetter auch die Alpenkette einschließt. In einem Linksbogen geht es nach **Riedetsweiler** hinab. Dort biegen wir links in die Ortsstraße ein. Beim letzten Haus der Ortschaft wird die Straße Meersburg – Baitenhausen überquert. Wer abkürzen möchte, kann ab hier auf dem mit „blauem Kreuz" markierten Weg nach links gehen und erreicht in 20 Minuten den Ausgangspunkt. Unser Wanderweg führt weiter über ein Bächlein in den Wald und dort zunächst geradeaus bis zu einer Lichtung. Hier biegen wir rechts ab und folgen nach gut 100 m dem Weg links zum gegenüberliegenden Waldrand. Nach weiteren 100 m biegen wir links in den Wald und wandern zuerst auf geschwungenem Weg und später auf einer langen Gerade, bis wir auf einen Querweg stoßen. Dort biegen wir links ab und folgen der Markierung „blauer Strich" abwärts. Nach Austritt aus dem Wald und nach Erreichen des Sträßchens nach Stehlinsweiler sehen wir vor uns die Hofanlage von **Braitenbach** liegen, zu der sich ein Abstecher lohnt. Auf dem Teersträßchen nach Stehlinsweiler wandern wir linkshin weiter, um dann bei der nächsten Gabelung, bei einem Umspannmast und dem Wegweiser „Baitenhausen", dem „roten Punkt" über den Wannenberg zu folgen. Nach Waldaustritt stoßen wir auf den von Riedetsweiler kommenden und mit „blauem Kreuz" markierten Wanderweg nach Baitenhausen. Wir folgen diesem zuerst etwa 100 m nach links und dann rechts ab über die Wiesen bis zur Straße Meersburg – Baitenhausen. Nach Überquerung dieser Straße wandern wir kurz geradeaus abwärts und nach etwa 100 m auf dem Feldweg rechts hoch und oben links vor zum Parkplatz bei der Kirche.

Deckenbild in der Wallfahrtskirche Baitenhausen.

33 Birnau und Prälatenweg

Von der Barockkirche Birnau durch den Mauracher Wald zum Prälatenweg

Eine Besonderheit auf dieser Wanderung ist die Barockkirche Birnau, die Salems letzter großer Abt, Anselm II., im 18. Jh. errichten ließ. Die Birnau gilt als Inbegriff eines barocken Gesamtkunstwerkes. Unterhalb am See liegt Schloss Maurach, das einst Hafen und Wirtschaftsbetrieb des Klosters Salem war. Mit Ende des Klosters Salem hat Maurach seine Bedeutung verloren. 1987 wurde es zu einer Tagungsstätte umgebaut. Der an der B 31 liegende „Oberhof" hat bis 1717 ebenfalls zu Maurach gehört, wie auch das direkt am See liegende „Obere Fischerhaus", heute Gasthof Fischerhaus. Sehenswert sind auch der Altarschrein und die Fresken der Nussdorfer Kapelle. Als landschaftliche Besonderheit gilt das eiszeitliche Flusstal von Ried- und Nussbach, der ehemalige Klosterweiher am Nellenbach – und natürlich der Prälatenweg, einstiger Verbindungsweg zwischen dem Kloster Salem und der Wallfahrtskirche Birnau.

Ausgangspunkt: Wallfahrtskirche Birnau.
Parken: Großer Parkplatz an der Kirche.
Karte: Wandern in der Region Bodensee-Linzgau 1:30 000, Hrsg. Stadt Überlingen.
Einkehrmöglichkeit: Auf der Wanderstrecke keine, jedoch in Maurach oder in Nussdorf.
Grillmöglichkeit: Beim Parkplatz am Seefelder Kirchweg Uhldingen-Deisendorf.
Sehenswürdigkeit: Wallfahrtskirche Birnau, Nussdorfer Kapelle.
Wegbeschaffenheit: Bequeme Tour ohne nennenswerte Steigungen, für jedermann begehbar
Gehzeit: 2½ Stunden, bei Verlängerung über den Nellenbachweiher 2¾ Stunden (auf der Karte gestrichelt dargestellt).

Wegbeschreibung: Wir beginnen die Wanderung an der **Birnau**, vor deren Aussichtsterrasse wir einen prächtigen Blick auf den Überlinger See genießen. Am Kircheingang vorbei, folgen wir dem Wegweiser „Überlingen" auf dem mit „rotem Ring" markierten Weg abwärts durch die Weinberge. Unten wandern wir rechts der Bahnlinie Richtung **Nussdorf**, das wir nach 25 Minuten erreichen. Wir kommen am links gelegenen Bahndurchlass und dem Pumpwerk vorbei und überqueren die alte Bundesstraße beim Gasthof „Laugele". Jetzt gehen wir die gleichnamige Straße am Dorfgemeinschaftshaus, der Schule und dem Rathaus vorbei weiter. Die hübsche, mit alten Fresken geschmückte **Kapelle** am Ende der Straße ist leider nur bei Gottesdiensten zugänglich, oder nach Vereinbarung über Telefon (0 75 53) 82 84 88, Frau Mattes.

Nun halten wir uns rechts und biegen in die Straße „Zum Döbele" ein in Richtung Deisendorf/Birnau. Wir kommen zum Wald, gehen dort geradeaus auf dem „Nussbaumweg" und unterqueren die hohe Talbrücke der Bundesstraße 31. In dem stillen Tal queren wir mehrere Wege. Bei einer Kreuzung mit einer überdachten Bank gehen wir rechts noch ca. 30 m weiter, und bei der dreifachen Gabelung folgen wir links dem Weg mit „gelber Raute".

An der Wegegabelung zum „Weiherhaldenweg" wird weiter links gewandert. Unser Weg macht einen Bogen nach rechts über den Riedbach. Wenn das Riedgelände hinter uns liegt, geht es bei der Wegegabel rechts und kurz dahinter nochmals rechts mit dem Wegweiser „Deisendorf, Salem, Nellenfurt" weiter.

Blick von der Basilika Birnau Richtung Unteruhldingen.

Es geht nun nahe dem Waldrand in einem von Eisströmen geschaffenen flachen Tal entlang. Das breite, mit Schilf bewachsene Gelände, geht allmählich in Wiesen und Ackerland über. Von links kommt ein Weg vom Girenberg herunter. Dort wenden wir uns nach rechts, überqueren den Riedbach und wandern vor bis zum Kirchweg. Linker Hand ist **Deisendorf** zu sehen. Auf dem nach rechts führenden **Kirchweg** (früher gingen die Deisendorfer darauf zur Kirche Birnau), am Sportplatz vorbei, kommen wir zum Wald. Gleich nach Waldbeginn folgen wir dem nach links abbiegenden Weg. Wir wandern auf dem ebenen, sich leicht nach links hinziehenden Weg weiter und überschreiten einen Querweg. Kurz danach erreichen wir einen der Hauptwege dieses Gebietes, den **Prälatenweg.** Die Zisterziensermönche des ehemaligen Klosters Salem gingen auf diesem Weg nach Birnau zur Abhaltung des Gottesdienstes. Er verbindet Salem mit der Kirche Birnau. Bevor wir diesen Weg rechts aufwärts einschlagen, empfiehlt sich noch ein Abstecher nach links zum 50 Meter entfernten **Nellenbach** und zum ehemaligen Kloster-Fischweiher, der uns mit seiner Seerosenpracht erfreut. Anschließend wandern wir auf dem auf- und absteigenden Prälatenweg Richtung Birnau.

Nach Waldaustritt taucht vor uns der **Oberhof** auf, der sich im Besitz des Markgrafen befindet. Dort führt ein Pfad unter der Bundesstraße hindurch zur Wallfahrtskirche.

Variante ab Nellenbach: Wir wandern an den beiden Weihern vorbei Richtung Uhldingen und biegen an der nächsten Wegekreuzung rechts ab. Nach ca. 600 m überqueren wir Ende des Waldes eine Kreuzung und gehen am Waldrand weiter Richtung Oberhof/Birnau.

Störche am Nellenweiher.

gen dem mit „blauem Kreuz" markierten Weg Richtung Killenweiher. Am Wald halten wir uns rechts und umwandern den Weiher im Uhrzeigersinn. Achtung: bevor der Wanderweg links Richtung Mühlhofen/Uhldingen abgeht biegen wir rechts ab. Wir kommen dabei an der Zufahrt zum **Hof Killenberg** vorbei und gehen am Ufer weiter, bis wir wieder auf die Straße nach Mimmenhausen stoßen. Wir überqueren die Landesstraße Mühlhofen – Mimmenhausen und wandern am Waldrand, rechts vom Weiher, aufwärts. Nach etwa 500 m kommen wir zu einer mehrfachen Wegabelung. Dort halten wir uns rechts und biegen erst später rechts ab zum Bifangweiher.

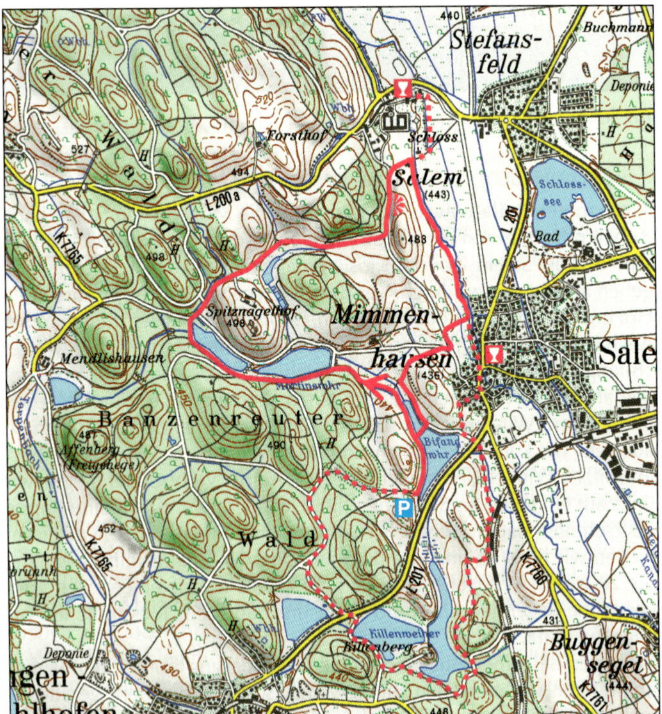

35 Tobelwanderung bei Hödingen

Am Rande des Überlinger Seebeckens durch den Spetzgarter und den Hödinger Tobel

Diese Wanderung führt durch zwei wildromantische Tobel oberhalb des Überlinger Sees zwischen Aufkirch, Spetzgart, Hödingen und Süßenmühle. Ein geologisch interessanter Weg, der dazu noch einmalige Ausblicke auf den Bodensee und die Alpen bietet. Beide Tobel, sowohl der Spetzgarter Tobel als auch der Hödinger Tobel, wurden im Eiszeitalter am Bodensee aus den Jahrmillionen alten Molassen der Meeres- und Süßwassersedimendationen herausgewaschen. In den Tobeln können die verschiedenen Molasseschichtungen gut erkannt werden. Die topographischen Besonderheiten der Tobel bieten einer Vielzahl von Pflanzen einen geschützten Lebensraum. Vor allem die unterschiedlichen Lebensbedingungen sind es, die diese Vielzahl ermöglichen. Unten am Bach herrschen recht feuchte Verhältnisse, Moose und Farne sind hier in einer reichen Vielfalt vorhanden. Aber auch einige blühende Besonderheiten, wie die blauen Leberblümchen, die hellviolette Mondviole oder die rote Waldvögelein-Orchidee, kann man hier entdecken.

Ausgangspunkt: Aufkirch bei Überlingen.
Parken: Parkplatz bei Aufkirch. Bei der Abfahrt der B 31 kurz links Richtung Überlingen und vor der Brücke über die Bundesstraße gleich wieder rechts.
Karte: Wandern in der Region Bodensee-Linzgau 1:30 000, Hrsg. Stadt Überlingen.
Sehenswürdigkeit: Kirche St. Bartolomäus in der Ortsmitte von Hödingen.
Einkehrmöglichkeit: Unterwegs keine, mehrere Gaststätten und Cafés im nahen Überlingen.
Wegverhältnisse: Teilweise steile Pfade, Stufen und Stege, bei Nässe schlecht begehbar, Höhendifferenz beim Tobelaufstieg ca.120 m.
Gehzeit: 3 Stunden.

Wegbescheibung: Ab dem Parkplatz wandern wir mit Wegweiser Spetzgart/Hödingen in westlicher Richtung. Nach wenigen Minuten erreichen wir den Wald und den unter Naturschutz stehenden romantischen **Spetzgarter Tobel**. Wir wandern an den Sandsteinwänden vorbei und über eine Brücke hinauf zum ehemaligen **Schloss Spetzgart**.

Hier geht es geradeaus auf einem aussichtsreichen Teersträßchen weiter Richtung Hödingen. Nach Erreichen des Ortes gehen wir auf der Straße „Zum Rebösch" rechts und nach etwa 15 m links abwärts durch die Siedlung zur Straße „In den alten Gärten". Dort biegen wir rechts ab und folgen der Straße ca. 100 m geradeaus und gehen dann links durch die Villen hindurch bis zum Aussichtspunkt an der Steilkante über dem Bodensee. Von dort hat man einen der schönsten Blicke über den Überlinger See und auf Sipplingen. Wir gehen von dort rechts mit Wegweiser „Süßenmühle". Zuerst verläuft der schmale Pfad an der Hangkante entlang, dann im Wald steil abwärts. Bei der nächsten Gabelung geht es links und zuletzt auf einem Teersträßchen hinunter bis zur Talsohle. Dort geht es zunächst rechts ab mit Wegweiser **Süßenmühle,** dann weiter Richtung **Hödinger Tobel**. Nun beginnt der Aufstieg durch den wildromantischen Tobel über steile Pfade und Stege. Am oberen Ende überqueren wir ein kleines Steinbrückchen und folgen dem Wegweiser „Hödingen 0,6 km" bis zur Ortsmitte. Achtung: Auf dem Weg durch **Hödingen** die Schilder „Wanderweg" beachten. Das letzte Wegstück geht durch einen engen Fußpfad zwischen den Gärten zur Hauptstraße. Dort halten wir uns rechts und biegen nach ca. 100 m vor dem ehemaligen „Landgasthof Kreuz" links ab. Wir gehen nun ostwärts am Ortsrand entlang und an der Tafel „Landschaftsschutzgebiet" auf einem steilen Wiesenpfad den Hang rechts hoch. Oben auf der Hochfläche wandern wir geradeaus, links vorbei an

Oberhalb Schloss Spetzgart.

einem einzeln stehenden Baum sowie einem Wegkreuz und danach gleich wieder rechts bis vor zur Hangkante. Von dort bietet sich uns einer der schönsten **Panoramablicke** am ganzen Bodensee. Wir wandern auf dem Höhenrücken auf grasigem Weg weiter Richtung Osten, zuerst eben, dann abfallend, und erreichen später die Straße nach Spetzgart. Ab dort gibt es drei Möglichkeiten für den Weiterweg nach Aufkirch.

Variante 1 ist die kürzeste und führt auf der Straße hinab nach Spetzgart und auf dem Herweg durch den Tobel zurück.
Variante 2 ist die romantischste, aber leider auch unbequemste. Der zum Teil überwachsene Weg geht unterhalb des Sportplatzes links ab bis zu einer Brücke über den Tobelbach und von dort über einen Wiesenpfad aufwärts. Oben parallel zur Kreisstraße K 7772 geht es auf einem landwirtschaftlichen Teersträßchen an Aufkirch links vorbei und hinab zum Parkplatz.
Variante 3 ist die sicherste und auch offiziell markiert. Dieser Weg biegt an der Straße links ab und nach ca. 300 m rechts hinunter zum Wald und zur Brücke über den Bach. Ab dort verläuft der weitere Weg wie Variante 2.

36 Von Aufkirch nach Goldbach

Eine aussichtsreiche Wanderung über die Gletschermühle nach Goldbach und zum Spetzgarter Tobel

Diese Wanderung ist eine hübsche Variante zur Tour durch den Hödinger Tobel. Wir starten bei Aufkirch mit seiner weithin sichtbaren Kirche St. Michael mit romanischem Saalbau und Resten von Wandmalereien. Von dort geht es über die Höhen bei Hödingen hinab zur Gletschermühle oberhalb Goldbach. Diese Gletschermühle zählt zu den großen Gletschermühlen des Alpenraumes. Sie ist ein Relikt der letzten Würmeiszeit, die vor ungefähr 10 000 Jahren zu Ende ging. Die an der Oberfläche des Gletschers abschmelzenden Wasser stürzten durch eine tiefe Spalte auf den Grund des Gletschers und brachten die dort abgelegten Steine in eine drehende Bewegung, die den Kessel herausschliffen. Auf dem Weiterweg nach Goldbach stoßen wir auf gewaltige Sandsteinfelsen aus der Oberen Meeresmolasse, als Heidenlöcherschichten bekannt. Auch im Hödinger oder Spetzgarter Tobel, den wir am Schluss durchwandern, finden sich solche Sandsteinformationen. Die beiden nach der Würmeiszeit entstandenen Tobel sind inzwischen zu Rückzugsgebieten seltener nordisch alpiner Pflanzen geworden.

Ausgangspunkt: Aufkirch, Anfahrt über die B 31, Ausfahrt Bonndorf/Aufkirch.
Parken: Unterhalb Aufkirch, direkt nach der Abfahrt, über die Straße hinweg, vor der Brücke rechts.
Karte: Wandern in der Region Bodensee-Linzgau 1:30 000, Hrsg. Stadt Überlingen.
Sehenswürdigkeit: Kirche St. Michael in Aufkirch, mit Resten romanischer Fassadenmalerei und Altar von 1608.
Einkehrmöglichkeit: Unterwegs keine, in der Nähe Gaststätten und Cafés in Überlingen.
Wegverhältnisse: Meist feste Wege, teilweise schmale Pfade, kurzer Aufstieg im Spetzgarter Tobel, Höhenunterschied ca. 80 m.
Gehzeit: 2¾ Stunden.

Wegbeschreibung: Vom Parkplatz aus gehen wir ein Stück zurück und auf einem schmalen Teersträßchen nach **Aufkirch** hoch. Kurz vor Ortsbeginn biegen wir links ab und wandern unterhalb der Häuser auf einem Feldweg, der nach dem Fachwerkhaus in einen Grasweg

Im Sandsteinhohlweg bei Goldbach.

übergeht, geradeaus weiter, bis wir auf einen rechts hochführenden Kiesweg stoßen. Im Ort, unterhalb der Kirche, gehen wir am linksliegenden Haus den schmalen Weg zur Kirche hoch und umgehen diese links oder rechts. Oberhalb kommen wir auf einen Feldweg, dem wir rechtshin bis vor zur Straße nach Überlingen folgen. Auf dem parallel verlaufenden landwirtschaftlichen Weg wandern wir links bis zum Wegweiser „Hödingen 2,0 km". Durch das dortige Drehkreuz gehen wir links abwärts zum Wald. Wir überqueren auf einem Brückchen den Tobelbach und gehen den befestigten Pfad aufwärts, bis wir am Ende auf die Straße nach Spetzgart stoßen. Auf dieser wandern wir ca. 300 m nach links und beim Wegweiser „Spetzgart 0,8 km" rechts auf einem Wiesenweg hinauf zur Höhe über **Spetzgart**. Beim nächsten Wegweiser geht es kurz rechts, dann links und geradeaus weiter in westlicher Richtung, vorbei an einem alleinstehenden Baum mit Feldkreuz, zuerst eben über die Hochfläche und dann hinab nach **Hödingen**. Unten im Ort gehen wir die Brunnenstraße links abwärts, bis wir unten auf die Straße „Zum Rebösch" gelangen. Wir gehen dort ca. 15 m nach rechts und gleich wieder links, leicht abwärts durch die Häuser zur Straße „In den alten Gärten". Auf dieser wandern wir ungefähr 100 m rechts und dann zwischen den Villen hindurch abwärts. Unten sehen wir schon den Wegweiser zur Gletschermühle. An der Hangkante

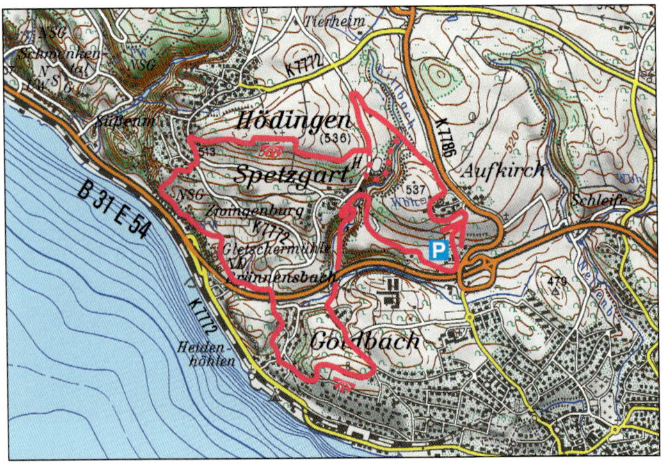

öffnet sich ein herrlicher Blick auf den Überlinger See und Sipplingen. Wir gehen anschließend links den am Hang entlangführenden Weg abwärts zur Gletschermühle. Nach Austritt aus dem Wald wandern wir auf einem Wiesenpfad mit Markierung „HW 9 / roter Strich“ weiter und an den Weinbergen rechts hinunter zur **Gletschermühle**. Von dort gehen wir ein Stück abwärts Richtung B 31 und dann links parallel zur Bundesstraße ca. 200 m aufwärts und überqueren dann die B 31. Nach der Brücke biegen wir rechts ab Richtung **Goldbach** und dann links durch einen Sandsteinhohlweg (HW 9) und dem Schild „Wanderweg“ folgend hinab bis zur breiten, nach Hödingen führenden Straße. Wir überqueren diese und biegen am Brunnen auf den „Bodenseerundweg“ ein, der uns links aufwärts durch hohe Sandsteinwände führt. Nachdem wir eine kleine Bogenbrücke unterquert haben, biegen wir scharf links ab zur Schächerkapelle im „Maiengericht“ und gehen danach rechts hoch auf einem Teersträßchen. Oben auf der Höhe, beim Wegweiser „Wanderweg“, gehen wir links und danach im Bogen rechts, vorbei am **Aussichtspunkt** mit Gedenkstein über den Philosophen Leopold Ziegler (an diesem Punkt hat man einen der schönsten Rundblicke der Bodenseeregion). Wir wandern geradeaus weiter und stoßen abwärts auf ein Teersträßchen und „Schreibers Bildkapelle“. Dort halten wir uns links und wandern länger talwärts Richtung Spetzgarter Tobel (gelbe Raute). Unten, unweit der B 31, biegen wir in der Kurve mit Wegweiser rechts ab und unterqueren die Bundesstraße. Im Tobel geht es auf einem schmalen, teilweise steilen Pfad aufwärts bis zu den Gebäuden von Spetzgart. Gleich nach Austritt aus dem Wald wandern wir beim Wegweiser „Aufkirch 1,5 km“ abwärts durch den oberen Spetzgarter Tobel und an der anderen Seite wieder aufwärts an den Sandsteinfelsen vorbei. Nach Waldende geht es fast eben auf einem Kiesweg bis zu unserem Ausgangspunkt zurück.

37 Hoch über dem Überlinger See

Über das Naturdenkmal „Sieben Churfürsten" zum Haldenhof

Das Städtchen Sipplingen, ein ehemaliges Wein- und Fischerdorf mit reizvollem historischen Ortsbild, ist 1987 unter Denkmalschutz gestellt worden. Ein Besichtigung des Ortes lohnt sich allemal, auch wenn die Wanderroute nicht direkt durch den ganzen Ort führt.
Wenn als Ausgangspunkt der Parkplatz „West" gewählt wird, lohnt sich der Besuch der Pfarrkirche mit Kunstwerken von Joseph Anton Feuchtmayer und der Bildhauerfamilie Zürn. Sehenswert ist auch eine große Anzahl stattlicher Bauten, unter denen das Mainauer Amtshaus in der Rathausstraße und der fünfstöckige Konstanzer Spitalhof besondere Aufmerksamkeit verdienen. Gegenüber dem 1669 erbauten Rathaus treffen wir auf weitere hübsche Fachwerkhäuser und einen Marienbrunnen. Eindrucksvolle Fachwerksbauten liegen auch in der Fortsetzung der Klosterstraße wie z. B. das „Bruderschaftshaus".
Lohnenswert ist die Besichtigung des Naturdenkmals „Sieben Churfürsten". Es sind sieben, durch die Auswaschung des leichteren Sandes der Umgebung stehengebliebene Sandsteinnadeln. Zur Erhaltung und zum Schutz gegen weitere Abtragungen haben sie eine künstliche Haube erhalten. Oben auf dem Höhenrücken, entlang eines parkartig anmutenden Geländes, bieten sich traumhafte Ausblicke, besonders vom Aussichtspunkt „Zimmerwiese". Im Verlauf des Weges stoßen wir im Wald auf eiszeitliche Nagelfluhblöcke. Beim vielbesuchten Haldenhof, der seit Mitte des letzten Jahrtausends dem Überlinger Heilig-Geist-Spital gehört, hat man einen der schönsten Blicke auf den Überlinger See. Man findet dort auch eine Tafel mit Hinweisen auf die geologischen Besonderheiten dieser Landschaft. Auf dem geologischen Lehrpfad abwärts nach Sipplingen lohnt sich auch noch ein Abstecher zu den bescheidenen Resten der einstigen Burg „Hohenfels". Errichtet wurde die Burg in der zweiten Hälfte des 12. Jh. von den Herren von Hohenfels. Bekanntester Vertreter der Familie war der Minnesänger Burkhart von Hohenfels, der als staufischer Ministeriale in der Umgebung des Stauferkaisers Friedrichs II. bezeugt ist. Die berühmte Manessische Liederhandschrift enthält 18 Lieder von Burkhart.

Ausgangspunkt: Sipplingen.
Parken: Je nach späterem Rückweg auf dem Parkplatz West am Ortsende von Sipplingen (gebührenpflichtig, maximale Parkzeit 4 Stunden) oder am Sportplatz im Gewerbegebiet (Anfahrt von Überlingen her-

kommend kurz nach dem Pumpwerk der Bodensee-Wasserversorgung beim Hinweisschild „Gewerbegebiet") rechts ab.
Karte: Wandern in der Region Bodensee-Linzgau 1:30 000, Hrsg. Stadt Überlingen.
Einkehrmöglichkeit: Mehrere Gaststätten in Sipplingen oder auf der Höhe in der berühmten Ausflugsgaststätte „Haldenhof"**.**
Sehenswürdigkeiten: Historischer Ortskern, Pfarrkirche St. Martin und St. Georg, Rathaus, Bruderschaftshaus.
Grillplatz: Auf dem Sipplinger Höhenrücken in traumhafter Lage.
Wegverhältnisse: Gut befestigte Wege und Pfade, Aufstieg auf die Hochfläche ca. 180 Höhenmeter, steile Abstiege vom Haldenhof nach Sipplingen, bei Nässe Rutschgefahr.
Gehzeit: 3 Stunden.

Wegbeschreibung:
Bei der **Variante „A"** wandern wir vom Parkplatz rechts aufwärts über die Straße „In der Breite"und in der Verlängerung über die „Schulstraße" und „Lenzensteige" hinab zur „Rathausstraße". Wir besuchen etwas abwärts die Kirche, wandern dann anschließend wieder die Rat-

Die „Churfürsten"-Sandsteinpyramiden bei Sipplingen.

hausstraße aufwärts und folgen rechts ab über „Eckteil" und die „Morgengasse" der Straße durch das Neubaugebiet Richtung Süßenmühle/Hödinger Tobel.

Die **Variante „B"** beginnt am neuen Sportplatz. Vom dortigen Parkplatz gehen wir kurz abwärts bis zur Morgengasse. Dort biegen wir nach links ab und wandern auf dem fast ebenen Sträßchen ostwärts Richtung Süßenmühle/Hödinger Tobel. Am alten Sportplatz stoßen wir auf eine Wander-Info-Tafel. Wir nehmen nicht die Variante über die Burghalde, sondern gehen auf dem Teersträßchen rechts weiter immer dem Wegweiser **„Churfürsten"** folgend. Nach Besuch des Naturdenkmals wandern wir den gleichen Weg ca. 600 m zurück, bis zu dem von einer Hecke umzäunten Grundstück. Dort am Wegweiser „Haldenhof 4 km" mit gelber Raute biegen wir rechts ab und wandern auf einem zunächst eingeschotterten Weg in Windungen länger bergauf. Oben auf der Höhe weist uns eine Wandertafel den weiteren Weg Richtung **Haldenhof**. Hier, beim Waldaustritt, stoßen wir auch auf den „Jubiläumsweg". Wir wandern nun bis zum Ende der Obstplantage und dort rechts hinauf auf den „Bodenseerundwanderweg". Auf dem fast eben verlaufenden Kalksträßchen gehen wir nach links weiter, vorbei an einem schönen Grillplatz und am Aussichtspunkt „Zimmerwiese" mit fantastischem Blick auf den Überlinger See und auf die Alpenkette.

Nach leichtem Anstieg erreichen wir den Wald. Auf dem fast eben verlaufenden Weg erreichen wir nach ca. einer Viertelstunde den Haldenhof. Dort hat man ebenfalls einen wunderschönen Ausblick.

Zum Abstieg nach Sipplingen gibt es nun zwei Varianten: Der Weg **„A"** ist die steilere Variante und führt direkt vom Haldenhof als geologischer Lehrpfad bergab nach Sipplingen, mit der Möglichkeit eines Abstechers zu **Burgruine Hohenfels**. Nach Erreichen des Ortes geht es am Haus „Haldenweg 1" und Schild „Würchental" rechts ab. Die nächste Querstraße überqueren wir und wandern weiter geradeaus Richtung Strandbad und zum Ausgangsparkplatz.
Bei der Variante **„B"** gehen wir vom Haldenhof ein Stück auf dem Herweg zurück bis zur zweiten Abzweigung. Beim dortigen Wegweiser mit gelber Raute „Panoramablick 0,8 km, Sipplingen 1,5 km" biegen wir rechts ab. Dieser Weg ist bequemer und bietet unterwegs noch einige schöne Ausblicke. Unten in Sipplingen stoßen wir auf das Gewerbegebiet (Recyclinghof). Dort biegen wir nach rechts ab und an der nächsten Abzweigung nach links und wandern durch das Gewerbegebiet bis zu unserem Ausgangspunkt am Sportplatz.

38 Kaien und Sipplinger Berg

Auf den Höhen beiderseits des Nesselwanger Tales mit Kaien und Sipplinger Berg

Auf schattigen Waldwegen mit leichten An- und Abstiegen durchwandern wir diese mittelgebirgsartige Landschaft. An einigen Stellen des Sipplinger Berges und auf dem Kaien gegenüber bieten sich herrliche Ausblicke auf Hegau, Bodensee und den Bodanrück.
Das Nesselwanger Tal, das auf der Wanderung zweimal überschritten wird, erhielt seine Ausformung in der Würmeiszeit. Ursprünglich mit Gletschereis ausgefüllt, floss das Schmelzwasser in diesem Tal zurest nach Nordosten und nach weiterem Rückzug der Gletscher in umgekehrter Richtung ins Bodenseebecken. Bei Nesselwangen hat man einen Granitstein gefunden, den der Rheingletscher in der Würmeiszeit vom Julier bis ins Nesselwanger Tal transportierte. Auf dem Sipplinger Berg lassen sich die geologischen Veränderungen der verschiedenen Eiszeiten erkennen. Am Haldenhof, unserem Ausgangspunkt, berichtet eine Infotafel über die Entstehung dieser Landschaft.
Sehenswert ist die Kirche in Bonndorf mit ihrem unter Denkmalschutz stehenden romanischen Kirchturm.
Auf dem Sipplinger Berg betreibt der Zweckverband Bodensee-Wasserversorgung das größte Wasserwerk Deutschlands. Etwa 130 Millionen Kubikmeter Trinkwasser werden von hier bis in den Norden von Baden-Württemberg geleitet und an etwa 4 Millionen Einwohner verteilt.

Ausgangspunkt: Haldenhof.
Parken: Auf dem Parkplatz beim Gasthof „Haldenhof“.
Karte: Wandern in der Region Bodensee-Linzgau 1:30 000, Hrsg. Stadt Überlingen.
Einkehrmöglichkeit: Gaststätte „Haldenhof“, Gaststätten in Nesselwangen und Bonndorf.
Wegbeschaffenheit: Für jedermann begehbar, überwiegend feste Wege.
Gehzeit: 4 Stunden.

Wegbeschreibung: Von der Aussichtsterrasse östlich vom **Haldenhof** wandern wir links aufwärts, dem gelben Wegweiser „Sipplinger Berg“ folgend. Wir kommen dabei an einer typischen eiszeitlichen Nagelfluhformation und einer kleinen Aussichtskanzel vorbei. Oberhalb des Steilhanges wandern wir weiter Richtung Osten, biegen in

Blick vom Haldenhof auf den Überlinger See.

Richtung „Neutal-Nesselwangen“ links ab und gehen gleich danach wieder rechts am Gelände der **Bodensee-Wasserversorgung** entlang. Ab dort wandern wir auf geschottertem Waldweg geradeaus und beim nächsten Wegweiser rechts abwärts bis zum Nesselwanger Tal. Unten in der Kurve gehen wir scharf links, am nächsten Wegweiser unter der B 31 hindurch, und danach links auf **Nesselwangen** zu. Wir folgen aber nicht dem Wegweiser am Zaun nach links, sondern gehen am Strommast rechts vorbei und die nächste Abzweigung nach links. Bei der nächsten Wegegabelung wandern wir geradeaus weiter auf den Ort zu.

Wir gehen dort vor bis zu Hauptstraße, biegen rechts ab und beim Gasthof Adler links aufwärts mit Wegweiser „Reutehof 1,4 km“. An der „Billafinger Straße“ halten wir uns links und gehen die schmale Teerstraße aufwärts bis zu einem Strommast (Umspannstation). Nach diesem Mast biegen wir rechts ab auf einen Feldweg, der in der Folge durch den Wald in Bögen aufwärts führt. Nach Austritt aus dem Wald gehen wir links mit Wegmarkierung „Reutehof“ und nach wenigen Metern wieder links auf schmalem Waldpfad und nach Waldende links aufwärts zum **Reutehof.** Im Hof biegen wir rechts ab und wandern auf einem Feldweg Richtung Kaien weiter. Am Wald halten wir uns links und nach ca. 50 m rechts mit Wegweiser „Kaien 0,5 km“. Am nächsten

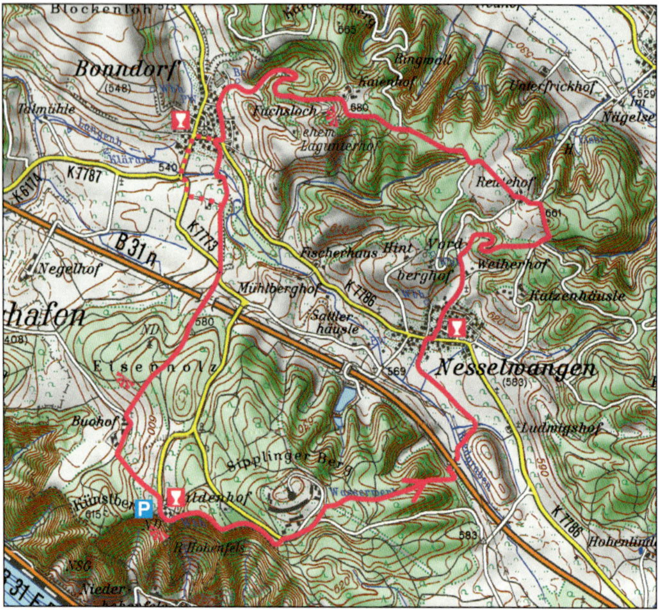

Wegweiser gehen wir weiter Richtung Bonndorf. Nach Waldaustritt stoßen wir auf den **Aussichtspunkt „Kaien“.** An dieser Stelle bietet sich uns ein herrlicher Blick auf den Sipplinger Berg, den Bodanrück und zu den Hegaubergen. Von dort wandern wir kurz vor bis zu einem Haus, und dann auf der Fahrstraße abwärts nach **Bonndorf**. Nach Erreichen der Hauptstraße gehen wir 30 m rechts und dann gleich wieder links in den „Langenbachweg“. Am Sportplatz vorbei, geht es halblinks durch die letzten Häuser und bei „Allamoda“ auf einem Grasweg weiter. Der weitere Weg führt kaum sichtbar unterhalb der bewaldeten Kuppe entlang und mündet dann nach etwa 1 km auf eine Teerstraße. Wir gehen dort kurz links und den Weg beim Strommast rechts hoch, dem Wegweiser „Haldenhof 1,8 km“ folgend. An der nächsten Wegegabelung im Wald wandern wir geradeaus weiter Richtung Buohof. Nach Waldaustritt eröffnet sich uns ein Blick auf den Überlinger See und Bodman. Unten beim Buohof gehen wir links bis zum Waldrand. Dort folgen wir dem Wegweiser links hinauf zum Haldenhof.

39 Salemer Aachtobel

Von der Wallfahrtskapelle Maria im Stein durch den Salemer Aachtobel nach Hohenbodman

Der Aachtobel ist eines der ältesten Naturschutzgebiete Deutschlands. Fast 120 m tief hat sich die Salemer Aach seit der letzten Eiszeit in die Sedimentationen der Oberen Molasseschichten eingeschnitten. Im Tobel sind stellenweise die vor Millionen Jahren stattgefundenen Sedimentationen aus Sand, Mergel, Kies und Ton gut zu erkennen. Die Pflanzenwelt des Tobels birgt kleine Kostbarkeiten, wie z. B. den Märzenbecher und lianenartige Waldreben.
Auf dem Weg durch den gut ausgebauten Tobel wird zunächst die Wallfahrtskirche „Maria im Stein" berührt, die Graf Alberto von Bodman im 13. Jh. nach seiner Heimkehr von den Kreuzzügen errichten ließ. Im wildromantischen Tal mit seinem Bannwald und seiner reichhaltigen Flora sind auch Grillplätze angelegt. Der weitere Weg über Hohenbodman bietet herrliche Aussichten auf den Linzgau und die fernen Alpen.

Ausgangspunkt: Steinhöfe; zu erreichen von Lippertsreute Richtung Großschönach, etwa 500 m nach Bruckfelden links ab.
Parken: Wanderparkplatz bei Steinhöfe.
Grillplatz: Im Tobel.
Karte: Wandern in der Region Bodensee-Linzgau 1:30 000, Hrsg. Stadt Überlingen.
Einkehrmöglichkeit: Auf der Tour Gastwirtschaft in Hohenbodman, in der Nähe Gasthof „Adler" in Lippertsreute.
Wegverhältnisse: Gut befestigte und gesicherte Pfade und Wege, am Ende des Tobels längerer Anstieg zur Hochfläche Richtung Hohenbodmann, Höhendifferenz ca.120 m. Bei der Verlängerung unterhalb der Burghöfe muss ein kurzes Stück weglos über eine Wiese gegangen werden.
Gehzeit: 2¾ Stunden, bei Verlängerung 3¼ Stunden (auf der Karte gestrichelt dargestellt).

Wegbeschreibung: Bei den **Steinhöfen** folgen wir dem Wegweiser „Maria im Stein, 0,2 km". Auf gepflasterten Stufen geht es abwärts in den Tobel, entlang einer Molassesteinwand bis zur **Wallfahrtskapelle**. Von dort aus geht es weiter hinab zum Talgrund, über das eiserne Brückchen hinweg und auf der anderen Seite aufwärts bis zu einer

Wegegabelung. Wir wenden uns dort nach rechts Richtung Stauwehr. Nun verläuft die Wanderung erst durch Fichtenwald und danach durch Laubwald zum Hang unterhalb der Molassewände weiter. Eine kleine Waldwiese mit **Grillplatz** wird überquert, und bis zum Stauwehr geht es dann am Bach entlang, auf dem mit Geländern, Stufen und kleinen Brückchen befestigten Pfad durch die teilweise enge und wildromantische Schlucht. Am Rückhaltebecken angelangt, biegen wir nach links und wandern länger auf einem breiten Forstweg aufwärts durch den Wald Richtung Hohenbodman. In **Hohenbodman** lohnt rechts ein Abstecher auf der Dorfstraße zu einer 1200 Jahre alten, unter Naturschutz stehenden **Linde**. Unser Weiterweg führt nun abwärts auf der Fahrstraße Richtung Ernatsreute. Nach ca. 200 m biegen wir links ein und besteigen den 30 m hohen **Aussichtsturm,** der einst zur Stammburg des Bodmanschen Geschlechts gehörte.
Zurück auf der Fahrstraße, halten wir uns links auf der im Bogen abwärts führenden Straße und biegen beim nächsten Wegweiser links zu den beiden Burghöfen ein. Wir wandern durch das Gehöft abwärts Richtung Aachtobel. Nach Erreichen des Waldes geht es bei einer Naturschutztafel links auf schmalem Pfad in den Tobel hinab. An einer

Im Salemer Aachtobel.

Spitzkehre treffen wir auf unseren Hinweg. Ab dort gehen wir kurz abwärts, überqueren das Brückchen und wandern über die Wallfahrtskapelle zum Parkplatz zurück.

Verlängerung: Wir gehen nach dem letzten Gebäude der Burghöfe etwa 200 m abwärts und biegen vor dem linken Waldeck ohne Markierung rechts ab auf einen grasigen Feldweg. Am Wegweiser „Wanderweg" wandern wir geradeaus vorbei. Vor uns öffnet sich ein leicht abfallender Wiesenhang. Wir folgen dort nicht dem mit „L1" markierten Weg am linksseitigen Rain entlang, sondern gehen geradeaus, fast weglos über die Wiese abwärts. Wenn bei hohem Grasstand am Feldrand entlang kein Weg gemäht ist, wandern wir am rechtsseitigen Waldrand hinab bis zum Ende der Wiese. Dort, wo die beiden Waldzonen im spitzen Winkel zusammenstoßen, beginnt am linken Waldrand ein Forstweg, auf dem wir talwärts bis zur Aach wandern. Unten treffen wir auf einen Wegweiser, der uns die weitere Wanderrichtung „Aachtobel/Maria im Stein" anzeigt. Wir wandern nun an der Salemer Aach entlang, bis wir rechts oben am Hang die Wallfahrtskapelle entdecken. Dort hinauf führt unser Weg und vor der Kapelle rechts weiter zum Ausgangspunkt.

40 Im Linzgau bei Heiligenholz

Über Hermannsberg, Aachtobel, Großschönach zur Ruine Ramsberg

Die reizvolle Wanderung im oberen Linzgau berührt zuerst das auf einem Sporn liegende Hermannsberg, wo sich früher ein Kloster befand. Schon in Urkunden aus dem 13. Jh. ist der Ort erwähnt, und von 1401 bis 1808 lebten dort Nonnen des Franziskanerordens. Seit 1976 dienen Kloster, Wohngebäude und Neubauten der „Dorfgemeinschaft Hermannsberg“, eine von mehreren Camphill-Gemeinschaften, die im Bodenseeraum bestehen und deren hiesiger Hauptsitz der Lehenhof über dem Deggenhausertal ist. Die Gemeinschaften sind nach der schottischen Ortschaft Camphill benannt, wo die erste heilpädagogische Einrichtung auf der Grundlage des Anthroposophen Steiner gegründet wurde.
Auch die Ruine Ramsberg, 2001 renoviert, gibt Zeugnis von der früheren Geschichte unseres Wandergebietes. Die Burg und der Grundbesitz gingen 1409, nach Aussterben des Geschlechts Ramsberg, an das Spital Überlingen über. Im Dreißigjährigen Krieg wurde die Burg zerstört. Nur die dazugehörige Wendelinskapelle blieb erhalten. Außer dieser kann man heute nur noch die Nordmauer und die Reste der zu einem Wohnhaus umgebauten Südseite sehen.

Ausgangspunkt: Heiligenholz; der Ort liegt an der Straße von Überlingen nach Pfullendorf zwischen Altheim und Hattenweiler.
Parken: In Heiligenholz, auf einem Weg, der links von der Hauptstraße abbiegt.
Karte: Wandern in der Region Bodensee-Linzgau 1:30 000, Hrsg. Stadt Überlingen.
Einkehrmöglichkeit: Gastwirtschaft in Groß-Schönach.
Wegbeschaffenheit: Beim Abstieg von Hermannsberg zur Salemer Aach etwas unwegsam, besonders bei Nässe, sonst gut begehbar, kurzer Aufstieg zum Ramsberg.
Gehzeit: 2½ Stunden.

Wegbeschreibung: In **Heiligenholz** gehen wir bei der Kapelle links, und nach dem Garten des letzten Hauses biegen wir links auf einen Grasweg ein. Bei einem Bildstock stoßen wir auf die Straße Rickertsweiler – Katzensteig, auf der wir etwa 80 m nach links wandern. Dort treffen wir auf die mit Wegweiser „Hermannsberg“ abzweigende Straße, die in mehreren Kurven abwärts zu den Gebäuden von **Hermannsberg**

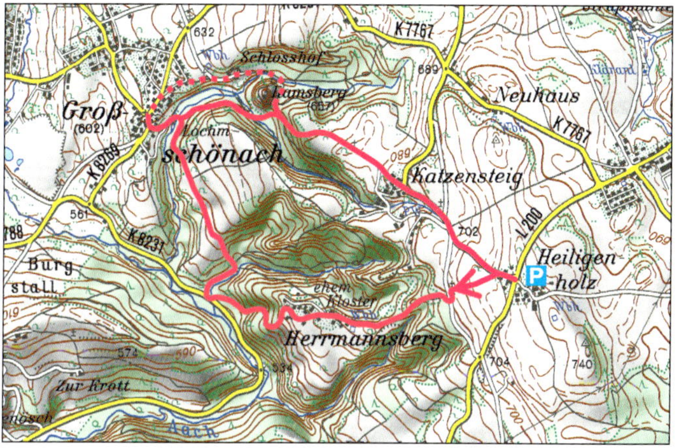

führt. Kurz nach der Kapelle kommen wir zu einem Rondell mit einem Lindenbaum. Eine Orientierungstafel gibt uns Überblick über die Einrichtungen der Dorfgemeinschaft. Wir gehen die linke Dorfstraße abwärts. Nach dem letzten Haus auf der linken Seite am Waldrand biegen wir in einen Waldweg ein, der uns steil bergab zur Salemer Aach führt. Bald erreichen wir die Kreisstraße nach Großschönach, wo wir 20 m nach rechts gehen und sofort nach Überquerung eines kleinen Baches wieder rechts in den Wald. Der gekieste Waldweg führt leicht bergan. Nach etwa 300 m, bei der ersten Kreuzung, geht es links in einem Hohlweg steil bergauf und an der nächsten Abbiegung wieder links aufwärts durch einen weiteren Hohlweg. Beim Waldende gehen wir rechts auf einen Jägerstand zu und folgen dem dortigen Feldweg. Von rechts mündet bald die Teerstraße von Katzensteig ein, auf der wir geradeaus mit Wegweiser „Großschönach 0,8 km", an der Lochmühle vorbei, bis nach **Großschönach** wandern. In der Kirche St. Antonius mit einem Staffelgiebelturm ist am linken Seitenaltar eine eindrucksvolle Pieta zu sehen.

Wir gehen nun den gleichen Weg zur **Lochmühle** zurück und folgen ab dort dem Wegweiser „Ramsberg" auf einem ebenen Forstweg. Bald geht es links auf einem Steg über einen Bach und den anschließenden Fußpfad wieder links aufwärts, wo bald der nach links führende Zufahrtsweg zur **Ruine Ramsberg** angetroffen wird.

Im Bogen wandern wir wieder von der Ruine den Berg hinab und folgen gleich nach der Schranke dem nach rechts führenden Weg, der nach seinem Anstieg in einem Linksbogen auf die Hochfläche führt. Dort biegen wir nach ca. 70 m rechts ab und wandern an einem Bildstock vorbei zum weitverzweigten **Weiler Katzensteig**. Nach dem Ortsende, auf der etwas steileren Fahrstraße, passieren wir einen weiteren Bildstock und erreichen bald danach unseren Ausgangspunkt in Heiligenholz.

Herbstliche Stimmung bei Großschönach.

41 Im Krebsbachtal

Von der Lochmühle zur Tudoburg – eine Wanderung im lieblichen Krebsbachtal

Das Krebsbachtal ist ein typisches Albtal mit Steilhängen, geschichteten Kalksteinen vom obersten Jura, mit artenreichen Laubwäldern und einer reichen Flora. Die Lochmühle war bis Ende des Ersten Weltkrieges eine Getreide- und Ölmühle. Heute ist die Lochmühle ein vielbesuchter Erlebnispark mit zahlreichen Attraktionen und Events. Wer es etwas ruhiger angehen will, sollte sich für eine kurze Rundwanderung in das landchaftlich reizvolle Krebsbachtal und zur Tudoburg begeben. Die Burg wechselte mehrmals ihre Besitzer. Eine Infotafel bei der Ruine informiert über die wechselvolle Geschichte der Tudoburg. Wir starten im Erlebnispark Lochmühle und wandern auf dem linksseitigen Hang zur Tudoburg und unten im Krebsbachtal zurück. Die beste Wanderzeit ist zur Blüte im Frühling oder zur Laubfärbung im Herbst .

Ausgangspunkt: Eigeltingen, Lochmühle. Eigeltingen liegt an der Straße von Stockach nach Engen.
Parken: Bei der Lochmühle.
Karte: Wanderkarte des Landesvermessungsamtes Baden-Württemberg, 1:50 000, Blatt 10, Hegau-Bodensee.
Einkehrmöglichkeit: Im Landgasthof Lochmühle (kein Ruhetag).
Grillmöglichkeit: Bei der Schutzhütte am Krebsbachsteg.
Wegbeschaffenheit: Für jedermann begehbar, jedoch mit Steigungen am Anfang und zur Tudoburg.
Gehzeit: 2 Stunden (alternativ das Krebsbachtal weiter aufwärts und über den Distrikt Langholz zurück 3¼ Stunden; auf der Karte gestrichelt dargestellt).

Wegbeschreibung: Vom Parkplatz wandern wir durch das Areal der **Lochmühle** und kommen auf den Weg, wo sich links der Abenteuersteinbruch und rechts das Moto-Cross-Gelände befindet. Wir schlagen die zweite Abbiegung links ein und nach ca. 20 m den „Kuhbergweg“ leicht ansteigend aufwärts. An der nächsten Wegegabel bleiben wir rechts und folgen dem sich am Traufrand des Krebsbachtales entlang führenden Weg. Hin und wieder bietet sich von dort ein Blick auf das Tal, in dem wir später zurückwandern. Der weitere Weg führt uns abwärts. Am Waldrand biegen wir im spitzen Winkel in den Wald

hinein und folgen dem Schild „Krebsbachtal/Tudoburg" und später dem „Heldlochhaldeweg" bis zum Krebsbach. Dort führt eine kleine Bohlenbrücke über den Bach zu einer Schutzhütte. Diesen Übergang benutzen wir auf unserem Rückweg nach dem Besuch der Tudoburg. Unser weiterer Weg, ausgeschildert als „Heldlochhaldeweg", führt auf der linken Talseite kurz eben, dann etwas steiler auf die Höhe. Dort gehen wir rechts weiter, bis zu einer Schranke und dahinter zu einer fast rechteckigen, leicht abfallenden Wiese, die wir diagonal durchqueren. Auf dieser Wiese befanden sich einst das Wirtschaftsgebäude und die Turnierplätze der **Tudoburg**. Beim Wiedereintritt in den Wald eröffnet sich ein Blick auf die Reste des Palas, dem ehemaligen Wohngebäude der Burg. Die wechselvolle Geschichte der Tudoburg, die jetzt Douglas zu Langenstein gehört, ist auf einer Schautafel dargestellt.
Der Abstieg ins Tal erfolgt auf dem Herweg bis zur Brücke über den Krebsbach. Ab dort wandern wir auf dem öfters über den Krebsbach wechselnden Talweg bis zur Lochmühle.
Besonders reizvoll zeigt sich das Tal zur Blüte im Frühling oder zur Laubfärbung im Herbst. In den Monaten April/Mai blühen hier seltene Pflanzen wie des Leberblümchen, der Aronstab und die Fiederzahnwurz.

Ruine Tudoburg.

Verlängerung: Wer das enger werdende romantische Tal des oberen Krebsbaches näher erkunden möchte, dem sei der Weiterweg ab dem Brückchen rechts des Bachlaufes empfohlen. Von Seite zu Seite wechselnd, windet sich der oft zu einem schmalen Pfad werdende Weg den Krebsbach entlang, und nach etwa 40 Minuten führt ein Waldweg rechts hoch auf die Hochfläche, dort die erste Abzweigung rechts und in der Verlängerung auf einem gekiesten Forstweg etwa ein halbe Stunde westwärts am Hang entlang und dann nach einem größeren Bogen rechts hinab ins Krebsbachtal (zusätzliche Gehzeit 1¼ Stunden).

42 Hegauberge

Über den Hohenkrähen und die weiteren Erhebungen des Hegau wie Mägdeberg, Hegaukreuz und Staufen zum Hohentwiel

Die Hegauberge sind erloschene Vulkane, zum Teil mit Resten mittelalterlicher Burgen. Auf unserer Tour liegt der Hohenkrähen, ein bizarrer Phonolithpropf von 644 m Höhe mit einer sehenswerten Burgruinenanlage. Die Burg wurde 1191 durch die Herren von Friedingen erbaut, im 16. Jahrhundert zerstört und wieder aufgebaut. Der 664 m hohe, sagenumwobene Mägdeberg gilt als Kultstätte der Kelten. Die erste urkundliche Erwähnung der Burg findet 1240 statt. Der Erbauer war der Abt von Reichenau, der als Widersacher des Staufenkaisers diese Festung erbauen ließ. Zweimal wurde die Burg zerstört, 1378 durch die oberschwäbischen Städte und 1634 durch Brand.
Von allen Vulkankegeln bieten sich herrliche Rundblicke auf den Hegau und zum Teil bis in den Schwarzwald und zum Bodensee. Die Gegend ist auch wegen ihrer (Berg-)Flora interessant. Die Besteigung des Hohentwiel ist im Anschluss an die Rundtour konditionsstarken Wanderfreunden vorbehalten, da sich die Gehzeit um ca. 1 Stunde verlängert. Der trutzige Hohentwiel ist der schönste und bekannteste Hegauberg. Infotafeln im Umfeld der Festung geben Auskunft über die Geschichte und naturkundliche Besonderheiten dieses Vulkankegels.

Ausgangspunkt: Parkplatz an der Straße nach Duchtlingen. Anfahrt über die A 98 Richtung Singen, Ausfahrt Singen, kurz vor dem Ortsschild Singen rechts ab Richtung Duchtlingen.
Parken: Wanderparkplatz 2 km östlich von Duchtlingen, rechts.
Karte: Wanderkarte des Landesvermessungsamtes Baden-Württemberg, 1:50 000, Blatt 10, Hegau-Bodensee.
Einkehrmöglichkeit: In Duchtlingen oder am Schluss im Hotel „Hegau-Haus".
Wegbeschaffenheit: Für jedermann begehbar, ein Großteil der Tour weist nur mäßige Steigungen auf, im Bereich der Vulkankegel jedoch steilere Abschnitte.
Gehzeit: 4¼ Stunden, mit Abstecher Hohentwiel 5¼ Stunden (gute Kondition Voraussetzung, ca. 180 m Höhenunterschied).

Wegbeschreibung: Vom Parkplatz folgen wir in nordöstlicher Richtung der Markierung „rot-weiße Raute", die uns vorerst bis zum Hegaukreuz den Weg weist. Zunächst wandern wir durch den Wald, dann

am Waldrand entlang, bis wir den Fuß des **Hohenkrähen** erreichen. Durch einen Torbogen steigen wir zur Ruine hinauf und genießen einen schönen Rundblick. In nordwestlicher Richtung sehen wir unser nächstes Ziel, den Mägdeberg. Wieder unten am Bergfuß, führt unser markierter Wanderweg nach rechts weiter, später am Waldrand entlang und schließlich über eine Wiese links hinauf zu einem Feldweg. Dort geht es mit Wegweiser rechts eben weiter. Wir kommen an einem

Blick auf die Vorburg des Hohentwiel.

rechtsliegenden, kleineren Hügel vulkanischen Ursprungs vorbei, der in wenigen Minuten bestiegen werden kann. Unser Wanderweg führt nun abwärts. Im weiteren Verlauf stoßen wir auf eine Straße, der wir links aufwärts bis zum Wanderparkplatz unter dem Mägdeberg folgen. Von hier ist der Anstieg zur Ruine auf dem **Mägdeberg** nicht zu verfehlen. Im Wald, am Fuß des Mägdebergs, zweigt im spitzen Winkel ein markierter Pfad rechts ab. Es geht im Wald zuerst abwärts, dann über Wiesen aufwärts zum **Hegaukreuz**. Von hier genießen wir einen der schönsten Ausblicke auf das Panorama der Hegauberge. In südlicher Richtung liegt unser nächstes Etappenziel, der Ort Duchtlingen. Der Weg zur Ortschaft ist gut beschildert und nicht zu verfehlen. Wir durchqueren **Duchtlingen**, gehen an der Kirche vorbei und geradeaus weiter bis zum Ortsende. Dort stoßen wir auf den Ludwig-Fink-Wanderweg mit „blau-gelber Raute". Diesem Weg folgen wir, lassen den Friedhof und die nachfolgende Lagerhalle links liegen und biegen halbrechts auf einen geteerten Feldweg ein. Im weiteren Verlauf wandern wir an einem Kieferwäldchen und an einem kleinen Weiler vorbei, bis wir den Fuß des **Staufen** erreichen. Wir folgen dem Schild links in den Wald hinein und gehen im Bogen aufwärts. Wer die Burgruine auf dem Staufen besichtigen will, muss im Sattel den rechtsabbiegenden Weg einschlagen. Unser Weiterweg führt aber im scharfen Winkel links ab, dann eben weiter und geht bald in einen verwachsenen Fußpfad über. Wir treffen vor Waldende auf eine beschilderte Abzweigung, wo sich die markierten Wanderwege trennen.

a) Weiterweg geradeaus zum **Hohentwiel** plus Auf- und Abstieg (1 Std.). Von dort müssen wir zu dieser Abzweigung zurückkehren.

b) Der direkte Weiter- und Rückweg zweigt im spitzen Winkel links ab mit neuer Markierung (rot-weiße Raute). Der Rückweg verläuft nun in nördlicher Richtung weiter durch den Wald. Wir treffen dabei auf einen Kiesweg, den wir nach links einschlagen (Burgenweg). Wir wandern auf diesem Weg abwärts am Paradies-Hof vorbei. Kurz vor dem Hotel „Hegau-Haus" treffen wir auf die Straße nach Duchtlingen, gehen diese aufwärts und sind nach 300 m wieder am Ausgangspunkt.

43 Auf dem Bodanrück

Im Westen des Überlinger Sees – von Bodman über den Echotobel zur Ruine Altbodman

Zwischen dem Überlinger See und dem Untersee zieht sich der waldreiche Höhenzug Bodanrück hin. An seinem Fuß, direkt am westlichen Ende des Überlinger Sees, befindet sich die Ortschaft Bodman. Dieser idyllisch gelegene Ort hat eine außergewöhnliche Geschichte, die bis in die Steinzeit zurückreicht. Später gewann der Ort Bedeutung als fränkischer Königshof und seit dem 8. Jh. als karolingische Kaiserpfalz. Kaiser Karl III. ließ bereits im 9. Jh. in seinem Bodmaner Weingarten die aus Burgund eingeführte blaue Spätburgundertraube anbauen. Das Königsgut Bodmann wurde im 13. Jh. den Herren von Bodman übertragen. Die heute noch im Schloss ansässige Familie des Grafen von Bodman kann deshalb auf eine mehr als tausendjährige Geschichte zurückblicken. Die Stammburg der Herren von Bodman stand ursprünglich auf dem Frauenberg, wurde aber nach einem Brand auf dem benachbarten Wartberg wieder aufgebaut. An der Ruine der 1347 erbauten und 1643 zerstörten Burg Altbodman kommen wir auf unserer Wanderung vorbei. Das touristisch noch nicht so sehr frequentierte Bodman ist Ausgangspunkt und Ziel unserer Wanderung.

Ausgangspunkt: Bodman.
Parken: Außerhalb des Ortszentrums bei den Sportplätzen, beschränkte Parkmöglichkeit besteht auch im Ort entlang der Seestraße.
Karte: Wandern in der Region Bodensee-Linzgau 1:30 000, Hrsg. Stadt Überlingen.
Einkehrmöglichkeit: Gaststätten in Bodman und im Hof Bodenwald.
Grillmöglichkeit: Nach Aufstieg vom Echotobel auf der Hochfläche treffen wir auf die Blockhütte mit Feuerstelle „Mittlere Wies".
Wegbeschaffenheit: Gut ausgebaute Wege und Pfade, Höhendifferenz ca. 180 m, beim Abstecher zum Echotobel ist Trittsicherheit erforderlich, steiler Abstieg von der Ruine Altbodman.
Gehzeit: 2¾ Stunden, Abstecher zum Echotobel plus eine Viertelstunde.

Wegbeschreibung: Vom Parkplatz aus wandern wir auf dem Uferweg durch den Ort Richtung Marienschlucht. Bei dem von vier Thujabäumen umgebenen Feldkreuz biegen wir rechts ab auf einen Kiesweg zum Waldrand. Dort wandern wir nach links und nach ca. 100 m bei der Saatschule rechts in den Tobel hinein (Nr. 29 „Neuer Weg"). Der windungsreiche, ansteigende Fahrweg führt bei einer Spitzkehre an den Rand einer tiefen Schlucht mit dem Namen **Echotobel**. In diese führt ein mit einem Wegweiser bezeichneter schmaler Pfad hinein. Der 15minütige Abstecher lohnt sich, ist aber nur für max. 6 Personen geeignet. Nach Rückkehr auf den Normalweg wandern wir rechtshin an einer Molassewand gebogen weiter aufwärts.

Nach halbstündigem Aufstieg erreichen wir die Hochfläche und treffen bei der Waldwiese auf eine Feuerstelle mit Blockhaus. Von dort gehen wir rechts am Waldrand dem Wegweiser „Bodman" nach. Bald führt der leicht ansteigende Weg in einen Fichtenwald. Eine Viertelstunde nach Waldbeginn wird der Hauptweg in einer kleinen Mulde verlassen und nach links Richtung Liggeringen eingebogen. Dann folgen wir bei einem Wegedreieck dem Weg halbrechts. Der zunächst etwas ansteigende Kiesweg führt am Rand der Hochfläche weiter und öffnet immer wieder schöne Ausblicke auf den Untersee, nach links über die Reichenau bis zum Säntis, auf die Höhenzüge des gegenüberliegenden Schweizer Ufers und nach rechts über die Mettnau bis nach Horn. Nach Waldaustritt wird eine weite Wiesen- und Ackerfläche neben den Gehegen des dortigen Wildparks überquert und danach der große **Hof Bodenwald** erreicht.

Blick vom Bodanrück auf Bodman.

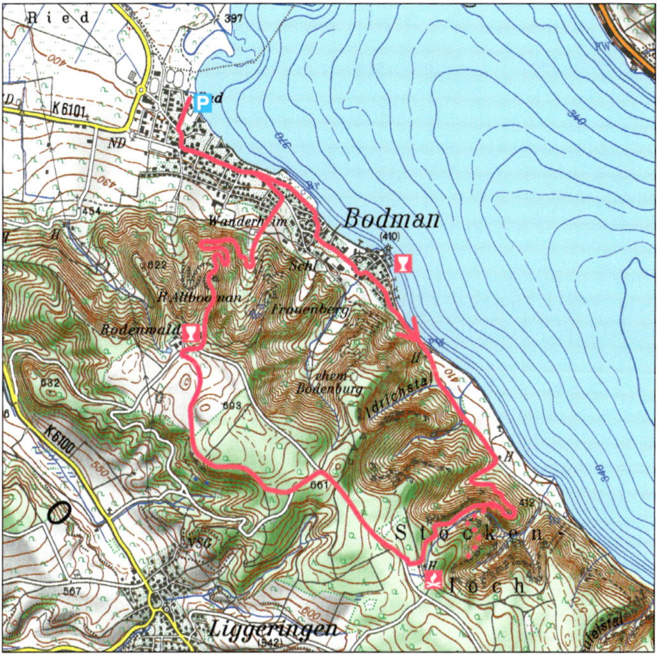

Von dem dortigen Wanderparkplatz geht es nach rechts Richtung Umspannturm „Weilergarten". An einer Waldecke mit einem Feldkreuz folgen wir links dem Wegweiser „Frauenberg". Schon nach 60 m schlagen wir den tiefen Hohlweg linkshin ein und kommen zur **Ruine von Altbodman** (bei Redaktionsschluss noch in Renovation). Auf dem ebenen Weg, bei der Infotafel, besteigen wir die umfangreiche Anlage, von der man einen schönen Blick zum See und zur gegenüberliegenden Wallfahrtskirche Frauenberg hat. Zum Sattel vor der Burg zurückgekehrt, geht es rechts abwärts, dem Wegweiser „Bodman" folgend. Bei einem Linksbogen müssen wir ein paar Schritte ansteigen, dann folgen wir dem, in vielen Kehren und Windungen am steilen Nordhang abwärts führenden Pfad. In der Mitte einer Wiesenmulde folgen wir dann dem links abgehenden Weg. Auf der Hauptstraße im Ort angekommen, wandern wir nach links zum Ausgangspunkt zurück.

44 Marienschlucht und Ruine Kargegg

Auf reizvollen Uferwegen und über die Höhen des Bodanrück

Einer der fazinierendsten Wanderwege rund um den Bodensee ist zweifellos der Uferweg von Wallhausen zur Marienschlucht sowie der Aufstieg durch die von stark erodierenden Sturzwassern ausgespülte Marienschlucht zur Ruine Kargegg und der abwechslungsreiche, teilweise fast alpine Rückweg über die Höhen des Bodanrück. Oberhalb der Marienschlucht stoßen wir auf mächtige Mauerreste der einstigen Burg Kargegg des Grafen von Bodman.Von dieser Ruine hat man einen schönen Tiefblick auf den Überlinger See, aber auch auf dem Weg entlang der Hangkante öffnen sich immer wieder traumhafte Blicke auf den See und das gegenüberliegende Ufer.

Die Tour kann übrigens auch von Überlingen aus gestartet werden, indem man mit dem Personenschiff von Überlingen nach Wallhausen fährt (ganzjährige Überfahrt, vom Oktober bis April aber nicht Samstag und Sonntag).

Hinweis: Zum Redaktionsschluss war die Marienschlucht wegen der Zerstörung der Treppenanlagen gesperrt. Voraussichtlich wird die Instandsetzung bis Herbst 2007 dauern.

Ausgangspunkt: Wallhausen am Überlinger See.
Parken: Beim Strandbad in Wallhausen.
Karte: Wandern in der Region Bodensee-Linzgau 1:30 000, Hrsg. Stadt Überlingen.
Einkehrmöglichkeit: Gaststätten in Wallhausen.
Grillmöglichkeit: Am Uferweg und oberhalb Wallhausen.
Wegbeschaffenheit: Stellenweise schwierige Pfade, besonders bei nassem Wetter Rutschgefahr, steiler Aufstieg in der Marienschlucht, Höhenunterschied ca. 120 m.
Gehzeit: 3 Stunden.

Wegbeschreibung: Zunächst geht es vom Parkplatz durch den Ort **Wallhausen** am großen Bootshafen und der links liegenden Bootswerft vorbei. Wir folgen danach dem Symbol des „Bodenseerundwanderwegs“ (mit Pfeil eingefasster blauer Punkt). Am Ortsende geht es durch ein Drehkreuz auf dem schattigen und meist flachen Uferpfad Richtung Marienschlucht. Auf dem ganzen Uferweg gibt es immer wieder reizvolle Ausblicke auf den Überlinger See und das gegenüberliegende Ufer. Beim Seezeichen 22 befinden wir uns in Höhe des sogenannten

In der Marienschlucht.

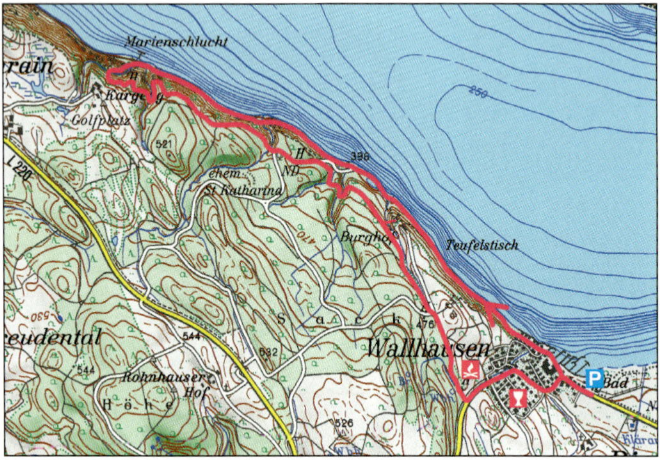

„Teufeltisches", einer ca. 90 m hohen und 12 m breiten, tischförmigen Felsenerhöhung, die bei Niedrigwasser gelegentlich aus dem Wasser ragt. Mehrere Tauchunfälle mit zum Teil tödlichem Ausgang haben zu einem allgemeinen Tauchverbot an dieser Stelle geführt.

Der Pfad zieht sich manchmal erhöht über dem Ufer dahin und überquert mehrere Tobelbäche. Das vierte von links einmündende Bächlein fließt durch einen sehr engen und steilen Tobel. Dieser Tobel bildete einst die Herrschaftsgrenze zwischen dem Deutschordensgebiet und der Grafschaft Bodman. An einem felsigen Überhang queren wir nochmals einen größeren Bachgraben und kommen bald danach zum Eingang der **Marienschlucht**. Wir gehen nun auf einer gut ausgebauten Treppenanlage die schmale, an einer Stelle nur schulterbreite Schlucht in vielen Windungen aufwärts und am Ende, rechts am Steilhang, um die **Ruine Kargegg** herum. Nach dem Sattel, der den Burggraben darstellt und den länglichen Bergsporn unterbricht, steigen wir vor dem Bach links zur Ruine empor. Die zum Besitz des Grafen von Bodman gehörende frühere Burg hatte eine äußerst geschützte Lage zwischen dem Steilabfall und dem Tobel.

Auf dem gleichen Weg kehren wir zum Sattel zurück, überqueren auf einem Steg den Marienschluchtbach und folgen von nun an der Markierung „weiß-rote Raute auf gelbem Grund". Der Höhenweg

Richtung Wallhausen steigt noch ein kurzes Stück bergan und führt dann mit fast alpinem Charakter an der Hangkante entlang. Der um Seitenschluchten herumführende Pfad ist stellenweise sehr eng und ist – besonders bei Nässe – mit Vorsicht zu begehen.
Später trifft der Pfad auf einen breiteren Weg, der dann auf ein Kiessträßchen stößt, dem wir links abwärts folgen. Immer weiter der Markierung folgend, wandern wir am Rande des Steilhanges entlang. Wir berühren dabei die abwärtsführenden Tobel, die wir bereits auf dem Uferweg überquert haben. An einigen Stellen öffnen sich schöne Ausblicke auf den See. Etwas später kommen wir an der links, jenseits der Schlucht auf einem Sporn liegenden **Ruine Burghof** vorbei (vom Weg aus nicht zu sehen, zu der aber links ab ein Fußweg führt). Die Burg war einst Wohnsitz des Minnesängers Heinrich. 1405 kam sie in den Besitz der Deutschordensritter und 1805 fiel sie an den Staat. Oberhalb der Ruine, außerhalb des Waldes steht das 1661 erbaute **Schlösschen Burgholz**, dessen einstiger Maierhof heute als Revierförsterstelle des Staatlichen Forstamtes dient. Wer keinen Abstecher zur Ruine machen will, wandert nun leicht gebogen aufwärts zum Waldrand bis zur Einmündung des Fahrweges von Burghof. Wir wandern geradeaus am Waldrand weiter. Zwischen Straße und Waldrand liegt der große Wald-Kinderspielplatz Eulenbach. Von dort geht es auf der Straße Dettingen-Wallhausen links abwärts zum Ausgangspunkt zurück.

45 Auf der Höri

Rundtour von Gundholzen über Honisheim nach Horn

Stille Wege unterhalb vom Schienerberg, durch Wiesen und Wälder, mit herrlichen Ausblicken auf die Insel Reichenau, den Untersee und auf das Schweizer Ufer; bei klarem Wetter auch bis zum Säntismassiv und zum Chlärnisch. Die aussichtsreichsten Punkte sind der Wasserturm beim Parkplatz und der „Mistbühl“ bei Honisheim. Der Dichter Viktor von Scheffel, dem diese Landschaft zur zweiten Heimat geworden war, formulierte es so: „Allum ist's fein und schön, hier ist vom Weltenschöpfer ein Meisterwerk gescheh'n“. Auch andere Dichter und Maler haben die Höri als lebenswerte Landschaft entdeckt, wie z. B. Hermann Hesse, Ludwig Fink, Otto Dix, Erich Heckel, Curth Georg Becker und Max Ackermann. Auf unserer Rundtour kommen wir auch am Schloss Gaienhofen vorbei, einst Verwaltungssitz der Konstanzer Bischöfe, zwischendurch in den Bauernkriegen von Schweizer Bauern besetzt und im Dreißigjährigen Krieg Standpunkt schwedischer Truppen. 1803 fiel das Schloss an Baden, und seit 1946 ist darin eine evangelische Internatsschule untergebracht. Sehenswert ist auch das Höri-Museum mit dem Hermann-Hesse-Haus in Gaienhofen sowie das Otto-Dix-Museum in Hemmenhofen.

Ausgangspunkt: Gundholzen.
Parken: Parkplatz oberhalb Gundholzen und Horn, zu erreichen von der Straße Moos – Gaienhofen, vor Ortsende Gundholzen geht es rechts aufwärts mit Wegweiser „Aussichtsturm“.
Karte: Landkreis Konstanz, Erlebniswege, 1:50 000, oder Blatt 10 Hegau-Bodensee, 1:50 000, Landesvermessungsamt Baden-Württemberg.
Sehenswürdigkeit: Höri-Museum mit Hermann-Hesse-Haus in Gaienhofen und Otto-Dix-Haus in Hemmenhofen, Horner Pfarrkirche.
Einkehrmöglichkeit: Unterwegs in Gaienhofen, empfehlenswert in Horn „Gasthaus Hirschen“ bei der Kirche.
Grillplatz: Beim Wasserturm am Parkplatz.
Wegverhältnisse: Ohne größere Steigungen, überwiegend befestigte Wege, auf dem ersten Drittel meist geteerte Wege.
Gehzeit: 3 Stunden.

Wegbeschreibung: Vom Parkplatz aus wandern wir auf der Herfahrtsstraße nordwestlich Richtung Weiler und biegen nach etwa 100 m links ab mit Wegweiser „Balesheim“ und Zeichen „h3“. Am Hof

Bei Honisheim.

vorbei kommen wir auf einen Feldweg, der unten am Bach zuerst rechts, dann links aufwärts zum Wald führt. Oben am Wald halten wir uns links und folgen dem am Waldrand entlang führenden Weg. Am Stoppschild überqueren wir die Landstraße nach Gaienhofen und gehen geradeaus weiter Richtung Balesheim. Vor dem Ort biegen wir am Feldkreuz links ab Richtung Honisheim. An der nächsten Abzweigung folgen wir rechts dem Zeichen „h3" und wandern am Waldrand entlang weiter. Wir stoßen im Wald auf eine weitere Wegegabelung, gehen jedoch geradeaus, am Reservoir vorbei, aufwärts bis **Honisheim**. Am Ende des Weilers, beim Feldkreuz, wandern wir links hoch Richtung **Mistbühl.** An der nächsten Wegegabelung schwenken wir links auf einen Grasweg ein, der zuerst geradeaus durch die Felder und dann links auf eine Ruhebank zuführt. An den Obstanlagen wandern wir rechts abwärts, bis wir ein Teersträßchen erreichen. Bei der dortigen Wegegabelung stoßen wir auf einen gekiesten Forstweg, dem wir links bergab Richtung Hemmenhofen folgen. An der nächsten Abzweigung gehen wir rechts weiter mit Zeichen „h3" und dann länger geradeaus. Unser Weg geht später in ein geteertes Sträßchen über und führt am **Frauengrund** vorbei weiter abwärts bis Hemmenhofen. Am Ortsanfang von **Hemmenhofen** biegen wir links ab und wandern oberhalb der Siedlung Richtung Gaienhofen. Im weiteren Verlauf stoßen wir auf ein Quersträßchen, wo wir zuerst kurz rechts und

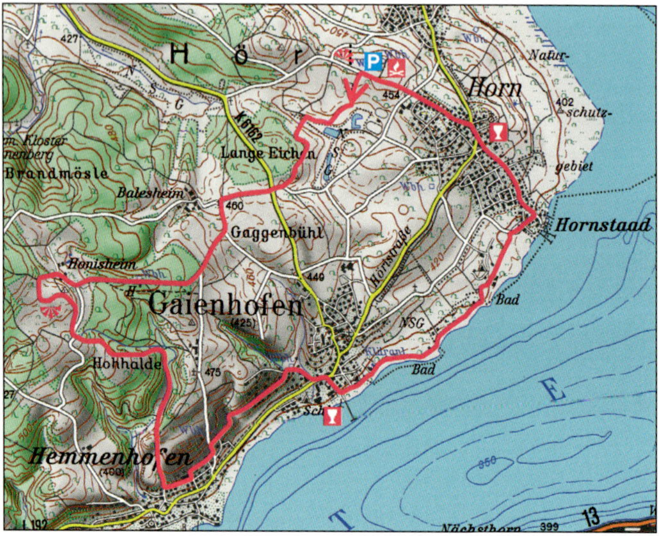

gleich wieder links gehen („Im Baumgarten"). Am Ende der Straße, am Umspannungshäuschen, geht es auf dem „Curth-Georg-Becker-Weg" aufwärts und oben beim Haus Nr. 12 rechts ab (Markierung „blauer Punkt/Bodenseerundwanderweg"). Nach ca. 100 m geht das Teersträßchen in einen Feldweg über. An der „Schulenberg-Rast" biegen wir von diesem Weg rechts ab auf einen schmalen Pfad mit Blick auf den See und Steckborn. Am Ende des Pfades kommen wir zu den ersten Häusern von **Gaienhofen**. Wir gehen den „Hermann-Hesse-Weg" entlang Richtung Ortsmitte. Bei der nächsten Querstraße wandern wir rechts abwärts bis zur Hauptstraße. Dort halten wir uns links und gehen nach der Kirche die „Schlossstraße" rechts hinab zum See. Unten am Anlegesteg folgen wir dem „Vogelkundlichen Spazierweg Gaienhofen – Horn". Unser weiterer Weg führt nun immer in Ufernähe bis Horn. Am Ende des Uferweges gehen wir in **Horn** die „Hornstaader Straße" aufwärts bis zur Hauptstraße. Gegenüber dem „Gasthof Hirschen" wandern wir leicht ansteigend die „Weiler Straße" entlang. Nach ca. 900 m erreichen wir unseren Parkplatz. Zum Abschluss lohnt sich die Besteigung der **Aussichtsplattform des Wasserturms,** von der man einen der schönsten Rundblicke auf der Höri hat.

46 Hohenklingen – Stein am Rhein

Vom romantischen Städtchen Stein am Rhein hinauf zum Wolkensteiner Berg und zur Burg Hohenklingen

Das historische Städtchen Stein am Rhein zählt zu den schönsten Städten Europas. Die mittelalterliche Kleinstadt, im 11. Jh. von König Heinrich geründet, besticht vor allem durch ihre pittoresk bemalten und mit prachtvollen Erkern versehenen Bürgerhäuser. Sehenswert sind auch die vielen mittelalterlichen Fachwerkbauten, die romantische Säulenbasilika und der Kreuzgang des Benediktinerklosters St. Georgen sowie das Puppenmuseum in der Schwarzhorngasse.
Die Wanderung führt ab Stein durch Weinberge und Wälder hinauf auf den Höhenrücken zwischen Wolkenstein und Hohenklingen. Der Aufstieg zum Wolkensteiner Berg, auf dem früher mal eine Burg stand, ist bequem. Der weitere Firstweg zur Burg Hohenklingen verläuft am Hangtrauf fast eben entlang und bietet immer wieder herrliche Ausblicke auf den Seerhein. Die Burg Hohenklingen, einst Stammsitz der Herren von Klingen und Schutzburg für die Stadt und das Kloster, bietet auch Möglichkeit zur Einkehr. In der Umgebung der Burg, in östlicher Richtung am Wanderweg, gibt es auch drei Grillstellen, eine davon direkt an einem herrlichen Aussichtspunkt. Auf dem Weg hinab nach Stein kommen wir auch am Hof „Bleiki“ vorbei, Grenzpunkt zwischen Deutschland und der Schweiz. Auf dem durch Rebgärten abwärts führenden Sträßchen haben wir einen schönen Blick auf Öhningen mit seinem Klostergelände und auf den Untersee.

Ausgangspunkt: Stein am Rhein.
Parken: Öffentlicher Parkplatz vor den Stadttoren, gebührenpflichtig (Sfr.).
Karte: Landkreis Konstanz, Erlebniswege, 1:50 000, vom Landesvermessungsamt Baden-Württemberg.
Sehenswürdigkeiten: Stadtensemble von Stein am Rhein, Kloster St. Georgen mit Museum, Puppenmuseum.
Einkehrmöglichkeit: Burg Hohenklingen (bei Redaktionsschluss noch im Umbau) oder in Stein am Rhein.
Grillplatz: Östlich der Burg Hohenklingen.
Wegverhältnisse: Beim Auf- und Abstieg gut ausgebaute Feldwege oder Teersträßchen. Höhendifferenz ca. 200 m. Im Bereich des Firstweges schmale Pfade, überwiegend im Wald.
Gehzeit: 3 Stunden.

Wegbeschreibung: Direkt vom oberen Parkplatz, gegenüber dem Stadttor, wandern wir westwärts Richtung „Ergeten" (Wegweiser oberhalb des Parkplatzes). Über die „Rietstraße" gehen wir geradeaus und in der Verlängerung am „Bockrain" aufwärts Richtung Weinberge. Dem nächsten Wegweiser folgen wir Richtung Wolkenstein. Auf gekiestem Weg wandern wir nun länger leicht aufwärts am Hang entlang zwischen Weinbergen und Wald. Wir stoßen auf einen weiteren Wegweiser, der rechts ab auf einen Weg zum Wolkenstein weist. Wir gehen dort jedoch ohne Wegweiser geradeaus weiter am Waldessaum entlang. Nach wenigen Minuten treffen wir auf einen Querweg, auf den wir rechts, vorbei an einem Brunnen, einschwenken. Ab dort geht es nun länger im Wald in Bögen aufwärts. Wir meiden dabei die rechts abgehenden Wege und wandern immer weiter geradeaus, bis wir oben im Sattel ankommen, wo es links zum **Aussichtspunkt Wolkenstein** geht. Ein Abstecher zum Standpunkt der ehemaligen Burg lohnt sich. Von dort hat man eine herrliche Aussicht zu den Hegaubergen und bei klarer Sicht bis zu den Höhen des Schwarzwaldes. Vom Sattel geht es rechts steil hoch Richtung „Burg Hohenklingen". Nach Erreichen der Hochfläche geht es längere Zeit auf dem fast eben verlaufenden Firstweg ostwärts am Hang entlang. Später, bei Ansicht der Burg, führt der

Pfad hinab zu einem Kreuzungsplatz mehrerer Wege. Wir überqueren den Hauptweg und steigen gegenüber mit Wegweiser **„Burg Hohenklingen"** steil bergan. Nach dem Aufstieg wandern wir zuerst auf dem Forstweg kurz rechts abwärts und an der nächsten Wegegabelung wieder aufwärts zur vor uns liegenden Burg (590 m). Unterhalb der Burganlage geht es weiter mit Wegweiser „Bleiki/Stein am Rhein" (an dem Hydranten links vorbei hoch). Auf der angrenzenden Hochfläche stoßen wir auf drei Grillstellen. Die schönste der Feuerstellen liegt am Ende der Hochfläche an einem Aussichtspunkt mit grandiosem Blick auf den Untersee und bis hinüber zum Säntis. Von dieser Stelle geht es am Trauf entlang langsam abwärts. Der nächste Wegweiser zeigt uns die weitere Wanderrichtung nach Stein am Rhein an. Danach geht es etwas steiler abwärts, bis wir nach Austritt aus dem Wald den Grenzhof „Bleiki" erreichen. Ab dort führt uns ein Teersträßchen durch Rebanlagen bergab nach Stein. Kurz vor dem Städtchen stoßen wir auf eine Wegegabelung mit Straßenschildern. Der Richtung „Konstanz" folgend wandern wir geradeaus in die Stadt hinein, vorbei an den Tennisplätzen und der rechtsliegenden Schule. Danach biegen wir links auf die Straße „Langstuck" ein und erreichen nach wenigen Minuten unseren Parkplatz.

Der Seerhein mit der Insel Werd.

47 Insel Reichenau

Auf ufernahen Wegen im Westen der Insel

Die ehemalige Klosterinsel Reichenau, wurde von der UNESCO in die Weltkulturerbeliste aufgenommen als Kulturlandschaft, die ein herausragendes Zeugnis von der religiösen und kulturellen Rolle eines großen Benediktinerklosters im Mittelalter ablegt. Die gut erhaltenen Kirchen der Insel bieten anschauliche Beispiele der klösterlichen Architektur und Wandmalerei vom 9. bis 11. Jh. Vom ehemaligen Klosterbereich, der einst die ganze Insel umfasste, stehen heute noch drei großartige Kirchen: das Münster in Mittelzell, ehemalige Benediktinerabtei aus dem 8. Jh., mit seiner reichen Schatzkammer, die Kirche St. Georg in Oberzell aus dem 9. Jh., mit den wahrscheinlich ältesten Freskenmalereien Deutschlands, und die doppeltürmige Säulenbasilika St. Peter und Paul in Niederzell, ursprünglich aus dem 8. Jh., nach Umbauten 1080 abgebrochen und im 12. Jh. neu gebaut und mit Fresken ausgemalt. Besuchenswert ist auch das Museum Reichenau, das zu den ältesten Fachwerkhäusern Süddeutschlands zählt. Es bietet unter anderem Einblicke in die Landschaftsmalerei von auf der Reichenau arbeitenden Malergruppen oder Künstlern, die sich dort dauerhaft niedergelassen haben.
Die 430 ha große Insel Reichenau ist 5 km lang und 2 km breit. Klimatisch begünstigt mit drei bis vier Ernten im Jahr, wird sie der Gemüsegarten Deutschlands genannt. Auch der Weinbau, ursprünglich von den Benediktinermönchen im Mittelalter eingeführt, gewinnt wieder an Bedeutung.

Ausgangspunkt: Reichenau-Mittelzell.
Parken: Auf dem Parkplatz bei der Schule in Mittelzell.
Karte: Wandern in der Region Bodensee-Linzgau 1:30 000, Hrsg. Stadt Überlingen.
Einkehrmöglichkeit: Mehrere Gasthäuser auf der Insel. Direkt auf der Rundtour kann man einkehren an der Schiffsanlege, am Campingplatz, bei Georgs Fischerhütte in Niederzell oder am Münster im Restaurant-Café Mesmer.
Wegbeschaffenheit: Für jedermann begehbar, ohne Steigungen, teilweise Teersträßchen, gekieste Wege und Uferpfade, gut für Familien geeignet.
Gehzeit: 3 Stunden, bei Verlängerung bis Oberzell 4 Stunden (Wegverlauf gestrichelt).

Das Münster in Mittelzell.

Wegbeschreibung: Vom Parkplatz wandern wir Richtung Münster über die „Strandbadstraße“, vorbei an der Umspannstation, dort links und die „Burgstraße“ aufwärts bis zum **Münster**. Eine Besichtigung ist empfehlenswert. Oberhalb vom Münster folgen wir dem „Walahfrid-Strabo-Weg“ zum Kräutergarten des Klosters. Dort verlassen wir das ummauerte Klosterareal und biegen nach rechts ab. Auf dem Teersträßchen wandern wir bis zur Abzweigung Richtung Oberzell und folgen dann der „Seestraße“. Wir gehen diese Straße entlang bis zur „Landgasse“, die wir rechts aufwärts gehen und in der Verlängerung geradeaus bis zur Hauptstraße. Diese überqueren wir und gehen ein kurzes Stück den „Rosendornweg“ entlang und kurz links weiter über die „Gewerbestraße“. Am Ende der rechtsseitigen Bebauung biegen wir rechts ab, vorbei an den Gewächshäusern, und danach gleich wieder links. Nach 100 m gehen wir rechts das Teersträßchen hinauf zum **Hochwart**, dem schönsten Aussichtspunkt der Insel. Von dort wandern wir westwärts wenige Meter auf dem Herweg zurück und geradeaus, leicht abfallend bis zur nächsten Querstraße. In diese biegen wir links ab Richtung See. An der Vorfahrtstafel wenden wir uns nach rechts (mit Nr. 26), wandern am Schlosspark von **Königsegg** vorbei bis zur „Unteren Rheinstraße“, dort links und über die „Schlossstraße“

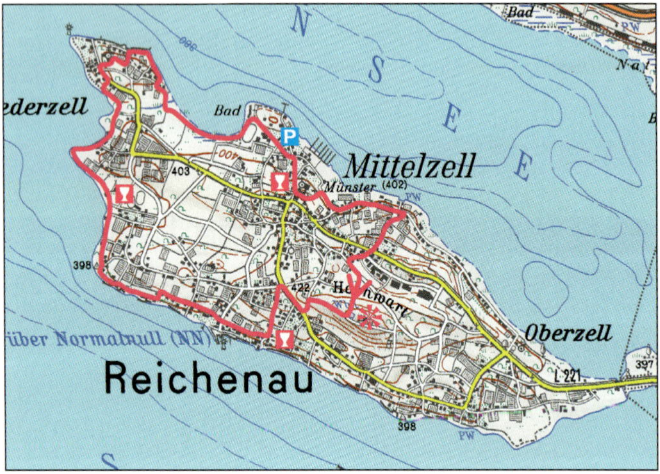

abwärts. Unten folgen wir dem Uferweg für Fußgänger nach rechts bis zur **Schiffsanlegestelle**. Dort biegen wir rechts ab und gehen am „Strandhotel" vorbei bis zum Ende des Uferweges am See. Nach etwa 200 m geht es rechts aufwärts bis zur Straße „Zum Schaffhütle" und dann links weiter bis zur nächsten Querstraße. Diese wandern wir abwärts bis zum See und rechts ab auf dem Uferweg für Fußgänger (Nr. 26) in westlicher Richtung, (zum Teil durch Villenvorgärten) bis zum Campingplatz. Von dort verläuft der weitere Wanderweg immer am Ufer entlang bis nach Niederzell. Am Ende des Uferweges, beim Ferienappartement Bernhard, geht es rechts zur doppeltürmigen **Pfarrkirche St. Peter und Paul** aus dem 9. Jh. An der Kirche führt der Weg hinab zum See und dann rechts am Ufer entlang mit schöner Sicht. Der weitere Weg führt uns an „Georgs Fischerhütte" vorbei bis zu einer Verbotstafel. Hier gehen wir linkshin weiter, zuerst auf geteertem Weg, später gekiest und schmaler werdend, bis wir am Ende wieder auf ein geteertes Sträßchen treffen. Wir biegen dort nach links ab und wandern am schilfbewachsenen Ufer entlang Richtung **Mittelzell.** Im weiteren Verlauf stoßen wir auf einen Pappelhain, den wir linkshin durchwandern. Der gekieste, ufernahe Weg führt uns immer weiter bis zu einem Sportplatz. Am Ende dieses Areals biegen wir rechts ab und erreichen kurz danach unseren Ausgangspunkt an der Schule.

48 Zum Schloss Arenenberg

Von Ermatingen über die Höhen nach Mannenbach mit Besuch des Napoleon-Museums in Arenenberg

Auf Schweizer Seite des Untersees, gegenüber der Insel Reichenau, liegt das an idyllischen Winkeln reiche Ermatingen. Sehenswert sind dort vor allem das schöne Fachwerkhaus von 1694 an der Mühlengasse, in dem die ehemalige Gerichtsstube untergebracht war, und die unweit liegende Kirche St. Albin. Sie ist eine der wenigen Kirchen im Thurgau, die auch heute noch paritätisch von den Reformierten und den Katholiken genutzt werden. Die dem Hl. Albin geweihte Kirche wurde vermutlich im frühen Mittelalter (6./7. Jh.) gegründet.
Von Ermatingen geht die Wanderung durch romantische Tobelwege aufwärts nach Fruthwilen und auf aussichtsreichen Wegen wieder hinab zum See über die Schlösser Salenstein und Arenenberg. Das oberhalb von Mannenbach gelegene Schloss Arenenberg wurde 1817 von der Stieftochter Napoleons I., Hortense de Beauharnais, erworben, die dort regelmäßig in den Sommermonaten mit ihrem Sohn Prinz Louis Napoleon – dem späteren Napoleon III. – gelebt hat. Das guterhaltene und gepflegte Schloss hoch über dem Untersee vermittelt eindrucksvoll die Lebensart des französischen Herrscherhauses. Vom Schloss genießt man einen faszinierenden Blick auf die Mannenbacher Bucht und zur Insel Reichenau.

Ausgangspunkt: Ermatingen, an der Schweizer Bundesstraße von Kreuzlingen nach Schaffhausen.
Parken: Gebührenfreier Parkplatz zwischen Rathaus und Hotel Adler an der Hauptstraße.
Karte: Landkreis Konstanz, Erlebniswege 1:50 000, vom Landesvermessungsamt Baden-Württemberg.
Sehenswürdigkeiten: Kirche St. Albin in Ermatingen, Schloss und Museum Arenenberg.
Einkehrmöglichkeit: In Ermatingen; Hinweis: Ab „Hueb" auf der Höhe empfiehlt sich ein kleiner Abstecher nach Eggishof. Dort hat vom Mai bis September ein gemütliches „Mostbaizle" geöffnet.
Wegverhältnisse: Beim Aufstieg teilweise schmale Waldpfade. Höhendifferenz ca. 140 m. Der Abstieg erfolgt überwiegend auf ruhigen Teersträßchen. Der Uferweg verläuft parallel zur Bahnlinie und ist größtenteils für Radler gesperrt.
Gehzeit: 3 Stunden.

Wegbeschreibung: Vom Parkplatz aus wandern wir auf der Straße nach Wolfsberg etwa 15 Minuten leicht bergan. Nach der S-Kurve geht rechts ein Wanderweg ab Richtung „Hueb“. Wir folgen diesem markierten Weg, vorbei am Umberg und einem Zuchtbetrieb für Hochlandrinder. Beim nächsten Wegweiser „Hueb“ wandern wir im Wald aufwärts. In einer Kurve des Forstweges biegen wir rechts auf einen unmarkierten Pfad ab, der oberhalb eines Tobels entlangführt und nach wenigen Minuten bei einer Hütte wieder auf den Forstweg trifft. Wir biegen auf diesen rechts ab und wandern im Wald aufwärts bis zur nächsten Wegegabelung. Dort gehen wir geradeaus weiter. Nach Verlassen des Waldes geht es kurz am Waldrand entlang und nach wenigen Metern mit Wegweiser „Wanderweg“ rechts wieder in den Wald. Der folgende Pfad verläuft oberhalb eines Tobels und quert später auf einem Brückchen den Bach. Ab dort geht es über mehrere Stege am romantischen Tobelbach entlang, bis wir am Ende aus dem Wald heraustreten und über einen steilen Wiesenhang den Ortsteil **Hueb** von Fruthwilen erreichen. Durch den hübsch gelegenen Ort wandern wir hindurch in Richtung „Arenenberg“. Im weiteren Verlauf treffen wir auf die Hauptstraße, wo wir links einbiegen. Im Oberdorf wandern wir auf einem Teersträßchen rechts weiter mit Wegweiser „Arenenberg 30 Minuten“. Wir folgen nun immer den Schildern „Wanderweg“. Auf der Strecke über die Hochfläche bieten sich herrliche Ausblicke auf den Untersee und seine Umgebung. Nachdem der Weg rechts abwärts führt, biegen wir in der ersten Kurve links auf einen gekiesten Feldweg ein, der aber weiter unten beim Wanderparkplatz wieder auf die Straße trifft. Nach etwa 80 m verlassen wir die Fahrstraße wieder und wandern oberhalb des Tobels auf einem schmalen Pfad dem vor uns liegenden Ortsteil Obersalenstein zu. Dort, bei der Alten Schule, biegen wir links ab in die „Schlossgasse“, die zum **Schloss Salenstein** hinabführt. Unterhalb des Schlosses, an der Sandsteinformation, biegen wir rechts ab auf den „Buschenweg“, der uns hinab führt bis zu einer Wegegabelung. Dort folgen wir dem Schild „Napoleon-Museum“ und wandern rechts leicht ansteigend zum **Schloss Arenenberg**. Eine Besichtigung des Museums ist empfehlenswert.
Vom Schloss Arenenberg gibt es zwei Varianten für den Weiterweg nach Ermatingen.

Variante A: Abstieg zwischen Schloss und Weinbergen auf schmalem Pfad Richtung See. Nach Erreichen eines Sträßchens wandern wir weiter bis zum Bahnhof von Mannenbach. Dort überqueren wir die Gleise und wandern auf dem Uferweg in etwa 40 Minuten bis Ermatingen.

Das Schloss Arenenberg.

Der Untersee mit Blick nach Berlingen und zum Schienerberg.

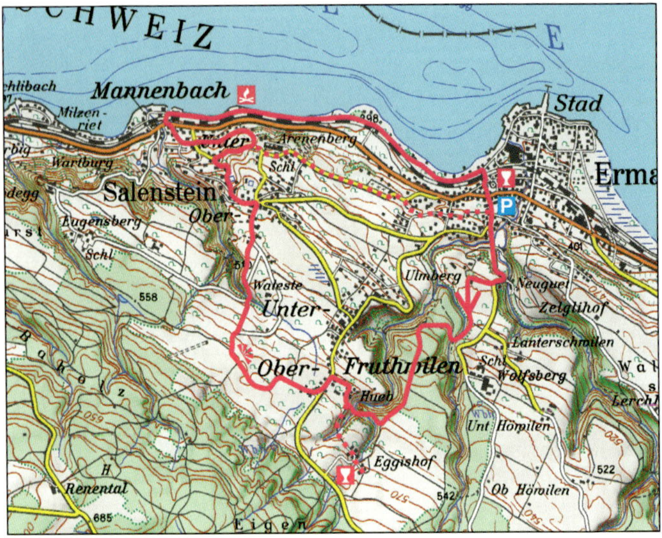

In Höhe der Kirche biegen wir rechts ab und überqueren wieder die Bahn. Danach geht es kurz rechts und gleich wieder links durch die Mühlengasse. An der „Ehem. Gerichtsstube" und der Kirche „St. Albin" vorbei, kommen wir zum Parkplatz.

Variante B: Wer etwas abkürzen will, kann oberhalb des Schlosses der Straße Richtung Ermatingen folgen. Nach Erreichen der ersten Häuser führt der Wanderweg von der Hauptstraße rechts ab und verläuft auf dem „Thurgauer Rundwanderweg" bis vor zur Straße nach Wolfsberg, wo wir links ab nach wenigen Metern unseren Parkplatz erreichen.

49 Naturschutzgebiet „Alter Rhein“

Rundweg im Rheindelta – Gaißauer Ried und Rheinholz

Im Gebiet dieser Wanderung mündete einst der Rhein in den Bodensee. Seit Anfang 1900 fließt er als „Neuer Rhein“ durch ein künstliches Flussbett, östlich der Ortschaft Fußach in den See. Der frühere Flusslauf, jetzt „Alter Rhein“ genannt, hat seinen Mündungskegel in Jahrtausenden weit in den Bodensee hinausgeschoben. In diesem fruchtbaren Schwemmgebiet hat sich eine vielfältige Vegetation entwickelt. Durch seine geschütze Lage im breiten Mündungsbecken des Alpenrheins ist diese Riedlandschaft auch Rückzugsgebiet für die Tierwelt, vor allem für die Vögel. Der Rheinspitz gehört zu den größten europäischen Vogelschutzgebieten. In den ausgedehnten Schilfgürteln mit Dämmen, kleinen Kanälen und Bächen nisten über 500 Vogelarten. Interessante Schautafeln am Anfang des Weges und unterwegs informieren über die geographisch/geologischen Verhältnisse und die Vielfalt der Pflanzen- und Tierwelt.

Ausgangspunkt: Gaißau in Österreich (an der Straße Bregenz – St. Margrethen in Höchst Richtung Rheineck). Am Grenzübergang Rheineck führt die Straße auf österreichischem Gebiet rechts entlang des Alten Rheins zu den Parkplätzen.
Parken: Im Gaißauer Ried vor dem Waldgebiet Rheinholz.
Karte: Topographische Karte 1:50 000 des Landesvermessungsamtes Bayern, Blatt Kressbronn;
Freizeitkarte 529 Östlicher Bodensee des Landesvermessungsamtes Baden-Württemberg 1:50 000.
Einkehrmöglichkeit: Gaststätten in Gaißau, Imbissstand hinter dem Waldgebiet Rheinholz (nur in den Sommermonaten geöffnet).
Wegbeschaffenheit: Ohne Steigungen auf Naturwegen, die Rundwanderung ist nur bis zu einem Wasserstand von 4 m (Pegel Konstanz) möglich. Bei höherem Wasserstand sind die Riedwiesen nicht begehbar. In diesem Falle muss man den Weg zur Landspitze am Alten Rhein wieder zurückgehen.
Gehzeit: 2 1/4 Stunden.

Wegbeschreibung: Beim Parkplatz, gleich vor Waldeintritt, befindet sich eine Orientierungstafel über das **Naturschutzgebiet Rheindelta.** Wir gehen auf dem breiten Waldweg entlang des Alten Rheins in nördlicher Richtung. Hin und wieder öffnet sich auf dieser Strecke der

Blick zum Rhein und zum gegenüberliegenden Schweizer Ufer. An der ersten Wegegabelung halten wir uns links und erreichen nach etwa einer Dreiviertelstunde die Landspitze.

Dort wo der Alte Rhein mündet, haben wir einen umfassenden Blick über den östlichen Teil des Bodensees. Links liegen die Schweizer Hügel mit den Ortschaften Wallhausen und Heiden, rechts sehen wir das nördliche Ufer mit der auffallenden Kirche von Wasserburg, das Hotel von Bad Schachen, das hübsch gelegene Lindau und schließlich den östlichen Seeabschluss bei Bregenz.

Wir wandern am Ufer in östlicher Richtung weiter und kommen dabei an mehreren Pfahlgruppen vorbei, sogenannten Fischreisigen, die das Heranwachsen der jungen Seefische erleichtern sollen. Etwas später passieren wir eine Stelle, wo das Gehölz des rechts liegenden Waldes

bis an das Wasser reicht. Nach dem Weidezaundurchgang führt uns ein Pfad nahe dem am See liegenden Schilfgürtel weiter. Bald erreichen wir an einem kleinen Seitenkanal eine Fischerhütte. Den dort nach rechts führenden Weg meiden wir und wandern in gleicher Richtung durch die Riedlandschaft bis zum Damm der **Rheindelta-Eindeichung**.
Dort stoßen wir auf den kleinen Hafen Gaißau mit ein paar Hütten und Blockhäusern sowie auf das Schöpfwerk von Gaißau. Rechts abbiegend wandern wir noch etwa eine halbe Stunde bis zum Ausgangspunkt.

Die Wanderung kann auf dem in östlicher Richtung laufenden Pollerdamm beliebig ausgedehnt werden. Es bietet sich dort eine schöne Sicht auf den Bodensee und auf die Berge des Bregenzer Waldes.

Mündung Alter Rhein.

50 Im Hügelland des Dreiländerecks

Von Heiden über den Kaien nach St. Anton, mit herrlichen Blicken zum Bodensee und ins Rheintal

Auf einer sonnigen Bergterrasse über dem östlichen Bodensee liegt der Klimakurort Heiden, der zum Kanton Appenzell-Außerrhoden gehört. In diesem gemütlichen Biedermeierdorf verbrachte Henry Dunant, der Gründer des Roten Kreuzes, seine letzten Lebensjahre (1887 – 1910). Das Appenzeller Hügelland mit seinen typischen Streusiedlungen bietet auf dieser Wanderung immer wieder herrliche Ausblicke auf den Bodensee, in das Rheintal, auf die Vorarlberger Berge, zum Alpsteinmassiv und bei klarer Sicht sogar bis zu den Berner Alpen.

Ausgangspunkt: Heiden im Appenzellerland, zu erreichen über Bregenz – St. Margrethen.
Parken: In der Ortsmitte von Heiden bei der Kirche oder in der Nähe des Henry-Dunant-Museums in Wanderrichtung.
Karte: Topographische Karte 1:50 000 des Landesvermessungsamtes Bayern, Blatt Kressbronn.
Sehenswürdigkeiten: Henry-Dunant-Museum, Historisches- und Naturhistorisches Museum in Heiden. Auskünfte: Tel. +42 (0) 71 891 44 04.
Einkehrmöglichkeit: Gasthäuser in Heiden, Naturfreundehaus am Kaienspitz (geöffnet Samstagnachmittag und Sonntag), Höhengaststätte in St. Anton.
Grillplatz: Auf dem Kaienspitz.
Wegbeschaffenheit: Feldwege und Pfade, teilweise auch Teersträßchen, Höhendifferenz ca. 380 Höhenmeter, deshalb etwas Kondition erforderlich.
Gehzeit: 4 Stunden, Variante 5 Stunden (auf der Karte gestrichelt dargestellt).

Wegbeschreibung: Vom Parkplatz an der Kirche geht es zunächst zum Kurhotel in der Seealleestraße, wo uns der Wegweiser „Kaienspitz 1 Std." die weitere Wanderrichtung anzeigt. Unser Weg führt über die Werdstraße und in der Verlängerung über die Schützenstraße und dann rechts ab die Brunnenstraße leicht aufwärts mit Wegweiser „Brunnen, Laachenweg, Kaien". Am letzten Bauernhaus geht es halbrechts (gelbes Schild „Wanderweg") weiter und über Stufen an dem rechtsliegenden Hochbehälter vorbei. Im weiteren Verlauf kommen wir nach **Brunnen**. Im Ortsteil Oberbrunnen wenden wir uns zuerst rechts und

kurz danach wieder links Schwantelen zu. Wo das Teersträßchen am letzten Haus endet, wandern wir über die Wiese geradeaus aufwärts auf ein Wäldchen zu. Bald wird der Wegweiser „Laachenweg/Kaien" angetroffen, dem wir weiter aufwärts Richtung Kaien folgen. Nach ein paar Minuten im Wald kommen wir zu dem rechtsliegenden Naturfreundehaus. Dort finden wir den Wegweiser „Kaien 1099", der auch die Richtung St. Anton angibt. Bevor wir jedoch den nach St. Anton führenden Weg einschlagen, wandern wir zunächst ca. 250 m zum **Aussichtspunkt Kaienspitz** mit Rastplatz und Feuerstelle.

Wir gehen anschließend bis zum zuvor erwähnten Wegweiser beim Naturfreundehaus zurück und dann steil hinunter durch den Wald, dem ersten zu Usserkaien gehörenden Gehöft zu. Dort biegen wir nach links ab und wandern weiter abwärts bis zum Straßenknoten „Scheidweg". Wir folgen dem dortigen Wegweiser „St. Anton 50 Minuten" und gelangen, eine Höhe überschreitend, durch die Felder nach **Langenegg**, wo es geradeaus weiter (immer gut markiert) dem Wald zugeht. Im Wald halten wir uns links und erreichen auf der Höhe die schmucken Siedlungshäuser und Einzelhöfe von **Tanne.** Wir durchwandern diesen Weiler und folgen weiterhin dem markierten Wanderweg Richtung St. Anton. Nach etwa 15 Minuten stoßen wir auf die Wegmarkierung „Büelen 1068 m", wo unser Rückweg nach Heiden abzweigt. Wir wandern jedoch auf dem rechts weiterführenden Sträßchen weiter und gelangen über **Grauenstein** nach St. Anton, zum Ziel unserer Wanderung. Von diesem ca. 1100 m hoch liegenden Weiler hat man eine schöne Aussicht ins Rheintal und auf die österreichischen Alpen.

Für den Rückweg benützen wir zunächst wieder das gleiche Sträßchen bis zur Wegegabelung Büelen, wo wir geradeaus Richtung Rütegg-Heiden weitergehen. In Rütegg folgen wir geradeaus der Markierung über mehrere Stufen abwärts zu einem einzelnen Hof. Hier ist schon wieder Heiden sichtbar. Es muss darauf geachtet werden, dass der markierte Wanderweg nach ca. 800 m das Sträßchen links verlässt und nach ein paar Stufen die Fahrstraße nach Oberegg überquert. Die Wanderung führt danach durch die westlichen Einzelhöfe von **Bischofsberg** und über einen reizvollen Tobel zum Ortsteil Bissau hinab. Über die Hinterbissaustraße gelangen wir schließlich an der Badeanstalt von Heiden vorbei zum Ortskern.
Eine Variante zum Rückweg führt über Holzern und Oberegg nach Heiden. Die zusätzliche Gehzeit beträgt etwa 1 Stunde.

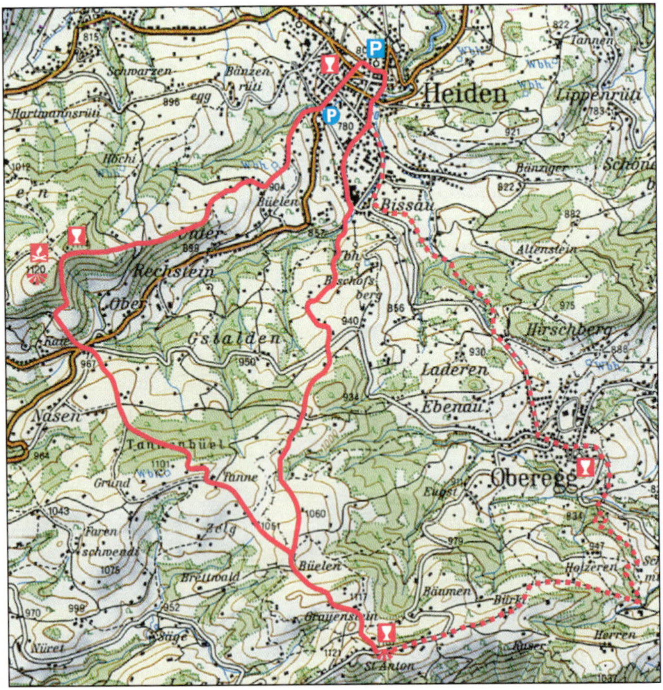